四特 教育系列丛书 SITEJIAOYUXILIECONGSHU

U0724294

学生成功素质教育

《"四特"教育系列丛书》编委会　编著

吉林出版集团股份有限公司
全国百佳图书出版单位

图书在版编目 (CIP) 数据

学生成功素质教育／《"四特"教育系列丛书》编委会
编著 . —长春：吉林出版集团股份有限公司，2012.4
 （"四特"教育系列丛书／庄文中等主编 . 学生素质教
育与培养）
 ISBN 978-7-5463-8743-7

 I . ①学… Ⅱ . ①四… Ⅲ . ①中小学生－成功心理－素质
教育 Ⅳ . ① G631

中国版本图书馆 CIP 数据核字（2012）第 044372 号

学生成功素质教育
XUESHENG CHENGGONG SUZHI JIAOYU

出 版 人	吴 强	
责任编辑	朱子玉 杨 帆	
开　　本	690mm×960mm 1/16	
字　　数	250 千字	
印　　张	13	
版　　次	2012 年 4 月第 1 版	
印　　次	2023 年 2 月第 3 次印刷	

出　　版	吉林出版集团股份有限公司
发　　行	吉林音像出版社有限责任公司
地　　址	长春市南关区福祉大路 5788 号
电　　话	0431-81629667
印　　刷	三河市燕春印务有限公司

ISBN 978-7-5463-8743-7　　　　　　定价：39.80 元

前　言

　　学校教育是个人一生中所受教育最重要的组成部分,个人在学校里接受计划性的指导,系统地学习文化知识、社会规范、道德准则和价值观念。学校教育从某种意义上讲,决定着个人社会化的水平和性质,是个体社会化的重要基地。知识经济时代要求社会尊师重教,学校教育越来越受重视,在社会中起到举足轻重的作用。

　　"四特教育系列丛书"以"特定对象、特别对待、特殊方法、特例分析"为宗旨,立足学校教育与管理,理论结合实践,集多位教育界专家、学者以及一线校长、老师们的教育成果与经验于一体,围绕困扰学校、领导、教师、学生的教育难题,集思广益,多方借鉴,力求全面彻底解决。

　　本辑为"四特教育系列丛书"之《学生素质教育与培养》。

　　实施素质教育是我国现代化建设事业的需要。它体现了基础教育的性质、宗旨与任务。提倡素质教育,有利于遏制当前基础教育中存在着的"应试教育"和片面追求升学率的倾向,有助于把全面发展教育落到实处。从教育面向现代化、面向世界和面向未来的要求看,素质教育势在必行。这是我们基础教育时代的主题和任务。

　　学校教育的核心工作是培养全面发展的社会主义建设者和接班人,而学生则是未来的主要建设者和接班人,直接关系到整个社会的前途和命运。中小学生正处于青少年时期,其心理生理发展具有不成熟、可塑性强的特点,他们在面对错综复杂的社会时能否全面认识理性分析问题不仅是部分人的问题而是一个社会问题。当代青少年面临更多的机遇和史无前例的挑战,只有树立科学的价值观,才能全面正确地认识自己、他人和社会,才能在认识和改造世界的过程中取得成功。

　　本辑共20分册,具体内容如下:

　　1.《学生身体素质教育》

　　根据中小学生参与体育状况调查发现,学生身体素质呈现持续下降的趋势。针对学生身体素质下降的状况,必须要让体育课落到实处,且要加强开展学校课外体育活动的力度,充分调动广大学生参与课外体育活动,从而提高学生的身体素质,使学生的身心得到健康发展。同时,探寻学校学生身体素质下降的根源,从而提高他们的身体素质。

　　2.《学生心理素质教育》

　　本书的各位作者拥有多年从事心理健康教育和研究的经验,为此,我们运用心理学的基本原理,从同学们的需要出发,编写了本书,它主要包含上面提到的自我、人际、学习、生涯等几个方面的内容。希望同学们能通过本书的学习,掌握完成这些任务的战略与技巧,为你们的长远和可持续发展提供力所能及的帮助。

3.《学生观念素质教育》

不同的人对同一事物产生不同的看法,本来是很正常的事情,但如果不同学生的观念差异太大,甚至"针锋相对",就不能不让人琢磨一下。本书就学生的观念素质教育问题进行了系统而深入的分析和探讨,并提出了解决这一问题的新思路、可供实际操作的新方案,内容翔实,个案丰富,对中小学生、教师及家长均有启发意义。本书体例科学,内容生动活泼,语言简洁明快,针对性强,具有很强的系统性、实用性、实践性和指导性。

4.《学生道德素质教育》

道德素质是人的重要内涵,它决定着人的尊严、价值和成就。良好道德素质的培养,关键在青少年时期。为培养学生形成良好的行为习惯,提高道德素质,只有建立学校、家庭、社会三结合的"立体化"教育网络,才能最有效地促进学生道德行为的养成,全面提高青少年的素质,促进青少年的健康成长。

5.《学生形象素质教育》

我们自尊我们自信,我们尊敬师长,我们自强我们自爱,我们文明健康。青春就是一次又一次的尝试。身处在这个未知的世界,点滴的前进,都是全新的体验,它点亮中学生心中的那片雪海星辰。新时代的中学生用稚嫩的双手创造一个又一个生命的篇章。让我们用学识素养打造强而有力的翅膀,让我们用青春和梦想做誓言,让我们用崭新的形象面向世界。

6.《学生智力素质教育》

教学中学生正是通过语言符号和非语言符号,学习知识、技能,在吸取人类智力成果过程中,使自己的智力得到锻炼和发展。指导学生智力发展应贯串于教学过程的始终。备课、钻研教材、上课、答疑、辅导、组织考试、批改试卷和作业都应当分析学生思维的过程,考虑发展思维的教学措施。

7.《学生美育素质教育》

美育是培养学生全面发展的教育方针的重要组成部分。美育又称审美教育或美感教育,是培养学生正确的审美观点以及感受美、鉴赏美和创造美的能力的教育。美育是实施其他各育的需要,美育是全面发展教育的重要组成部分,它渗透在全面发展教育的各个方面,对学生身心健康和谐地发展有促进作用。

8.《学生科学素质教育》

教育应面向全体国民,以提高国民素质、提高学生科学素养为目标,为学生的终身发展打下基础。本书以培养小学生科学素养为宗旨并依据新课程标准编写。学生通过本书的学习,能知道与身边常见事物有关的浅显的科学知识,了解科学探究的过程和基本方法,保持和发展对周围世界的好奇心和求知欲,逐渐养成科学的行为习惯和生活习惯,形成敢于创新的科学态度,培养爱科学、爱家乡、爱祖国的情感。

9.《学生创造素质教育》

创造才能是各种能力的集中和最有价值的表现,人类社会文明都是创造出来的,所以只有具备创造才能的人,才是最有用的人才。一切发达国家都非常重视青少年创造才能的培养。培养创造才能要从教育抓起,要从小做起。

10.《学生成功素质教育》

本书旨在让学生认识到成功素质教育的重要性。成功素质教育的目的和意义在于:激发学生对于成功的欲望和追求;让学生了解成功素养的内涵和相关解释;通过开展积极有效的成功素质教育,激发学生潜能;让学生自发主动地参与成功素质的行为,由被动转为主动。

11.《学生爱国素质教育》

祖国是哺育我们的母亲,是生命的摇篮,我们应该因为自己是一个中国人而感到骄傲。学校要坚持抓好学生的爱国主义教育,使他们从小热爱祖国。"祖国"一词对小学生来说,比较抽象,因此,他们对学生进行爱国主义教有,注意从大处着眼,小处着手,引导学生从身边具体的事做起。

12.《学生集体素质教育》

一个国家如果没有团结稳定的局面是不可能繁荣兴盛的;一个集体如果没有精诚合作的精神是不可能获得发展的;一个班级如果集体观念淡薄是不可能有提高进步的;一个人如果不加强培养集体意识,他是不可能被社会所接纳的。集体意识的培养对每个学生来讲是至关重要的。学生只有在校园就开始提高自己的集体协作意识,才能在将来的工作中游刃有余,才能让自己的前途得到更好的发展。

13.《学生人道素质教育》

人道主义精神与青年成长的关系非常密切,既关系思想意识上的完善,又关系知识面的拓展。为进一步切实加强青少年的思想道德建设,建议教育部制定切合实际的教育纲要,将人道主义教育纳入中小学生课程。本书从人道主义精神的培养入手,规范未成年人的行为习惯,使他们真正成为合格的接班人。

14.《学生公德素质教育》

社会公德作为人类社会生活中最起码、最简单的行为准则,是和广大人民群众的切身利益密切相关的,是适应社会和人的需要而产生的。它对人们的社会生活具有特殊且广泛的社会作用。每个社会成员都应该自觉遵守社会公德。社会公德是衡量一个国家全民素质水准的重要标志,抓紧对青少年进行社会公德教育,既是推动社会进步的奠基工程,也是社会主义精神文明建设的一项战略任务。

15.《学生信念素质教育》

加强公民道德建设,在全社会树立中国特色社会主义的共同理想和信念,加快构建传承中华传统美德、符合社会主义精神文明要求、适应社会主义市场经济的道德和行为规范。未成年人是祖国未来的建设者,加强和改进未成年人思想道德建设尤其重要。理想信念教育是培养公民素质的本质要求,把学生培养成为热爱社会主义祖国,具有社会公德、文明行为习惯的遵纪守法的公民是我国德育工作的主要任务。在德育体系中,理想信念教育处于核心地位,是德育研究的重中之重。

16.《学生劳动素质教育》

劳动素质教育是向学生传授现代生产劳动的基础知识和基本生产技能,培养学生正确的劳动观点,养成良好的劳动习惯的教育。本书旨在培养学生正确的劳动观点和良好的劳动习惯,使学生掌握初步的生产劳动知识和技能。

17.《学生纪律素质教育》

依法治国已成为我国治国的方略。我们正在建设社会主义法治国家,纪律法制在社会生活中的作用越来越重要,因此进行纪律法制教育也就十分必要了,对青少年学生尤其如此。青少年时期正好是一个人世界观、人生观、价值观的形成时期,在此时加强纪律法制教育,有利于帮助他们掌握应有的纪律法制知识,增强纪律法制意识,提高自觉遵守纪律法制的自觉性,养成良好的遵纪守法习惯。

18.《学生民主法制素质教育》

在推进依法治国,建设社会主义法治国家的进程中,加强对青少年的法制教育,促进青少年的健康成长,我们负有不可推卸的历史责任。为此,本书对当前青少年犯罪的现状、特点、成因进行了调查,对如何进一步加强青少年法制教育和预防青少年犯罪的方法作了一些探索,具有很强的系统性、实用性、实践性和指导性。

19.《学生文明素质教育》

礼仪是一种修养,一种气质,一种文明,一种亲和力,它是人际交往的通行证。青少年是祖国的希望,是21世纪国家建设的主力军。培养他们理解、宽容、谦让、诚实的待人处事和庄重大方、热情友好、礼貌待人的文明行为举止,是当前基础教育和学校德育工作的重点之一。将主题宣传教育活动、文明礼仪知识普及活动、日常行为规范教育活动紧密结合起来,培养学生文明行为举止,抓实抓细,必定卓然有效。

20.《学生人生观素质教育》

当代的中学生是跨世纪建设有中国特色社会主义的主力军,他们的人生观如何,关系到他们的本质是否能够得到全面提高,关系到我国社会主义大业的兴衰。因此,学校必须加强对中学生进行人生观教育。在校学生是我国社会生活中被寄予厚望的最重要的群体,他们的人生观变化是社会变化的晴雨表。人生观不仅影响他们个人的一生,而且对国家的前途、命运产生相当大的影响。因此,学校必须加强对中学生进行人生观教育。

由于时间、经验的关系,本书在编写等方面,必定存在不足和错误之处,衷心希望各界读者、一线教师及教育界人士批评指正。

编者

目 录

第一章

学生成功素质教育与升级的理论指导

1. 成功素质教育的基本原则

成功素质教育要求在全面遵循高等教育一般原则的基础上，重点把握并遵循创新教育原则、学生为本原则、个性发展原则、理论与实践相结合原则、学以致用原则、开放办学原则，并使这些原则在成功素质教育的各个层面共同发挥作用。

创新教育原则

（1）基本含义

创新教育原则是指教育要以培养学生的创新素质为基本价值取向，在教育教学过程中，通过增强学生的创新意识，激发学生的创新精神，提高学生的创新能力，培养创新型人才。在成功素质的五大体系中，观念体系是核心，其中创新精神是观念体系中的重要内容。成功素质教育就是要围绕"创新意识、创新精神、创新思维、创新能力"等方面全面实践教育创新，并运用创新原则，开展办学模式创新、育人机制创新、教育观念创新、教学内容与方法创新以及管理创新，实现成功素质教育、人才培养目标。

创新的根本特征是变革，是进步，是超越，是人类本质力量发挥的最高表现，是人类最有价值的生命活动形式。有了创新，才有了人类对现实的不断超越，才能推动人类从现有的水平向着更高层次发展。大学是知识与智慧的殿堂，同时更是创新思维和创新行为最活跃的领地。以创新的理念、创新的模式、创新的教育培养创新人才，是世界高水平大学共循的发展与腾飞之路。

（2）基本要求

营造有利于创新的环境，贯彻与实践创新原则，必须从有利于创新的角度，大力营造广大师生勇于创新、善于创新的环境。首先，要从战略高度，树立"只有创新才有活力，只有创新才能发展"的理念，形成"创新可贵、守旧失败"的舆论氛围，具有"敢试敢闯，不怕挫折"的创新心态，倡导"办学自主、学术自由"的风气，营造陶行知先生所倡导的"个个都是创新之人，天天都是创新之时，处处都是创新之所"的大学创新主流文化氛围。其次，要搭建形式多样的创新平台，包括融入国家或区域性创新体系之中，通过建立校校之间、校所之间、校企之间、学校与社会之间的对外沟通与互创机制，搭建"外向型创新网络"；采取多种形式，根据培养创新型人才的需要，选准创新项目，组建创新实体，打造"内向型创新平台"。再次，要为创新实践提供优质服务，特别是在吸引创新人才、申报创新课题、创新成果奖励、保障创新经费、人力资源集聚、创新成果评审鉴定、申请注册、专利保护及其转化等方面予以切实保障。

建立有利于创新的激励与约束机制贯彻创新教育原则，建立激励与约束机制十分重要。一方面，对教职工在教学创新、科研创新、管理创新等方面贡献突出的给予奖励，并与职称晋升、评先评优、提拔任用等挂钩。另一方面，倡导学生大胆创新，对于学生在创新方面表现突出的，可以通过奖励学分、免修部分课程、享受奖学金等形式予以激励；对于未能按规定完成创新课程、创新活动以及未获得创新学分的，一律要求补修，或采取其他学籍管理措施加以约束。充分发挥各创新主体的作用，全校师生都是创新的主体。贯彻落实创新教育原则，必须重点在学校创新、教师创新、学生创新这三个层面充分发挥作用并有所作为。

学校创新是全局性创新。在办学思想上，要牢固树立创新是学校灵魂和核心竞争力的理念，并内化到全校师生思想观念和教育教学的各个环节之中，围绕成功素质教育根本目的，把培养学生的创新素质摆在重要位置，突出对学生创新意识、创新精神、创新思维、创新能力的培养；在专业与课程建设上，要围绕成功素质的五大体系，优化课程结构，创新教学内容和教学方法，探索与推广将知识转化为创新素质的有效方法；在教学评价上，要按照培养创新型人才的要求，从有益于引导教学创新和学习创新，设计和完善教育教学测评体系；在学校管理方面，要全面推动体制创新、制度创新和管理创新。

　　教师创新是教育教学创新的主体。教师创新包括教师的教育观念创新、教育能力创新、教学方法创新等。专业教师要首先树立"三种精神"：一是对已有理论的怀疑精神，只有"怀疑"才会有对理论的拓新和发展；二是对前沿理论的批判精神，只有"批判"才能够创新地吸纳和完善；三是对未知领域的创新精神，只有"创新"才会有突破。在此基础上，努力使教育教学活动成为充满创新激情、点燃创新火花、激发创新行为的过程。实验教师要善于将创新理论导向创新实践，善于创新实验教学的内容、程序和方法，善于通过实践性教学检验和验证学生的创新思维、创新过程和创新成果。素质导师要从过去学生工作的传统模式中解放出来，围绕非专业素质教育的基本职能，重点探索与实践，培养学生非专业素质、消除失败因子、修补素质缺陷的途径与方法，促成学生成功素质的内化。素质拓展培训师和素质测评师所承担的职能属于全新的领域，更要有创新思维和创新行为，特别要在如何通过素质拓展途径提升学生成功素质、如何通过素质测评引导学生完善自身成功素质等方面有所突破、有所创新。

　　学生创新是创新教育的落脚点和归宿。创新教育要求学生时时想着创新，人人都能创新，处处践行创新。要具备以创新精神和创新意识为核心的创新个性。包括强烈的好奇心、求知欲和探索精神，严谨的科学态度、开放意识和合作精神，敢于冒风险、不怕失败的信心和勇气等等。要有"博专结合"的知识储备。拥有宽厚的文化基础知识，才能避免思想的狭隘和行为的短视，为创新思维打下坚实的基础；具备扎实的专业知识和技能，才能判别专业发展方向，把握专业发展动态和趋势，增强创新的实效性。善于在实践中不断提高创新能力，特别是对创新需求的敏锐预测和正确把握的能力等。学校和教师要善于跟踪和引导学生的创新思维和创新实践，并给予恰当的评价，以激励学生永葆创新精神，参与创新实践，提高创新能力。

学生为本原则

（1）基本含义

成功素质教育认为，学校的主体是学生，学校一切工作都必须奉行"三个一切"的办学宗旨，即一切为了学生，一切为了提高教育质量，一切为了学校的发展。其落脚点是一切为了学生成人、成才、成功，一切为了开发、培养学生的成功素质。

学生为本的内涵包括以下几个方面：首先，学生的成长与发展是学校教育的出发点。学生为本就是要把学生特别是学生的发展作为学校教育活动的本体，一切教育活动都必须从学生的发展出发。其次，让学生得到个性发展和全面发展，是学生为本原则在质上的体现。学生为本的教育强调促进学生的全面发展，要求按照成功素质的五大体系全面培养学生的成功素质。同时，还注重对学生个性特征的充分开发。再次，让全体学生都得到发展，是学生为本原则在量上的要求。只有让全体学生都得到发展，成功素质教育关于"人人都可能获得成功"的主张才能得以真正实现。

教师与学生是组成大学的主体因素，根据二者之间不同的权利

格局，形成了不同的大学主体观。

"教师主体说"：即学校和教师根据惯例以"行会"形式保护他们彼此的利益，构成"行会"的主体，支配着"行会"的教学和管理活动，学生则成了相当于商业领域中的"学徒"。这种模式的影响极为深远，包括英国的牛津大学、剑桥大学、美国以哈佛学院为代表的殖民地学院以及德国的哈勒大学、哥廷根大学等都是按照教师型大学的建制发展起来的。到当代，在许多大学依然存在这种影子。

"学生主体说"：20世纪中叶以来，在政治民主化和经济全球化的背景下，西方发达国家的高等教育先后步入大众化发展阶段，随着学生人数与类型的增多，教育经费的紧张和院校竞争的加剧，法、德、美、日诸国高校都曾爆发过规模空前、影响深远的学生"革命"和"风暴"，学生对大学的行政、教学、科研、人事、经费等方面全面施加压力，成为影响大学生存、改革与发展举足轻重的力量。20世纪70年代以来，受多方面因素的影响，首先在美国形成了"学生消费者第一"的主体观，并对当今世界各国高等教育的办学原则产生重大的辐射作用。

所谓"学生消费者第一"主体观，就是将学校与学生的关系视为生产者和消费者，通俗地说是卖者与买者的关系，是一种注重和保证学生权益，如获得知识权、对学校与专业的选择权、提出诉讼权、安全保障权等的"市场管理哲学"。成功素质教育认为，"学生消费者第一"是一种真正以学生的长远发展和切身利益为取向的办学原则，它强调质量、注重信誉、贴近市场。

成功素质教育吸纳了"学生消费者第一"的"合理内核"，把学生接受高等教育的行为作为一种"智力投资"或"为提升素质"的一种投入，用经济学的观点，投资或投入是讲求"回报"的，也可以说学生就是"消费者"，他们既然缴了学费，就应当享受优质的

教育服务。用商业领域"顾客就是上帝"的观点，学生利益是学校的"生命"，"一切为了学生"是办学的宗旨，离开了这一点，学校无疑将失去存在的意义。

"学生为本"的最终落脚点就是人才培养质量。如同学生就是"原材料"和"产品"一样，能否生产出优质的"产品"，在很大程度上取决于"学生为本"的原则是否得到落实。不讲求培养质量的学校，纵使"名气"再大，不过是徒有虚名。所以，成功素质教育主张学校的所有行为都必须让位于学生的根本利益，坚持学生为本原则，满足学生实现成功的需要。

（2）基本要求

牢固树立"学生至上"的理念。成功素质教育认为学校的主体是学生，学校教育教学必须坚持"学生至上"。学生既是教育的中心，也是教育的目标；既是教育的出发点，也是教育的归宿；既是教育的基础，也是教育的根本。一切教育必须坚持学生至上，这是现代教育的基本价值取向，同时，也是高等教育内涵发展的题中之意。坚持"学生至上"，就是要尊重学生，理解学生，服务学生。说到底，是在促进学生的全面发展的同时，使学生的潜质得到充分地开发。

坚持学生至上，就是要把学生的根本利益放在首位，以实现学生的全面发展和个性开发为目标，从学生的根本利益出发谋学校发展。"学生至上"是"学生为本"原则的核心要求。成功素质教育要求，所有教职工都必须是学生成长的服务者，"主人翁意识"的本质就是对学生的服务意识；学校的一切工作都必须成为学生成才的服务内容，这一过程的"聚力指向"就是培养学生的成功素质；学校的所有机构都必须是学生提高自身素质的服务站，其根本职能就是为学生提供全面、快捷、优质的服务；学校的基础设施都是学生

享用的硬件资源，所有的基础设施建设都必须围绕学生的需要而展开，并对学生开放。只有树立这种观念，才能实践科学发展观所要求的"以人为本"和成功素质教育所确立的"学生为本"。

"一切为了学生"。一切为了学生是成功素质教育办学的宗旨，是学生至上的最好诠释。"一切为了学生"要求学校的一切部门、一切工作都要以服务学生为中心，树立以学生发展为本的教育理念，把选择权交给学生，培养具备成功素质的人才，这是学校工作的出发点和归宿。"一切为了学生"强调教育的范围必须面向全体学生，对他们的成长、成才负责，是整体性的发展和提高，绝不是对所谓的"好生"负责，对"差生"不闻不问。

"一切为了提高教育质量"。培养人才是高等学校的根本任务，教育质量是高校生存与发展的生命线。教学是教育工作的主渠道，是提高教育质量的基本途径，处于学校工作的中心地位。提高教育教学质量最终是服务于教育目的的，即为了培养学生的成功素质。成功素质教育培养的学生成功素质越高以及成就事业的学生越多，则教育质量就越高。"一切为了提高教育质量"的目的实现了，"一切为了学生"才能落到实处。因此，"一切为了提高教育质量"是一切为了学生的保证。

"一切为了学校的发展"。成功素质教育认为，学校发展目标、发展主题、发展重点和发展途径，应该且必须以"一切为了学生"为基本价值取向，把学校办成让学生满意、让家长放心、让社会认可的高水平大学。一切为了学校的发展是从根本上提高教育质量的保证，也是一切为了学生的根本保证。

综上所述，"三个一切"最终可以归结为"一切为了学生"。"一切为了学生"是"学生至上"最直接的体现；"一切为了提高教育质量"的根本着眼点就是"一切为了学生"；"一切为了学校的发展"最终也是"一切为了学生"——既为了当前的学生，又为了未来的学生。"三个一切"的基本主张和宗旨是"学生至上"的集中体现。同时，只有学生不断发展且取得成功，学校才能获得不断发展的动力。因此，教育质量和学校发展都必须以学生发展为出发点和归宿，围绕着学生成人成才成功这个中心来展开。

个性发展原则

（1）基本含义

成功素质教育认为，个性发展原则是指教育要以学生的个体差异为基础，善于发现和挖掘学生的潜质，充分发展学生的兴趣、爱好、特长等个性特征，使其成为学生的优势素质，促使学生的个性充分发展，实现成功素质的全面发展并最终走向成功。

个性发展原则的实质是从人的主体性和创造性着手，使教育具有针对性，使每一个学生准确把握自身的发展潜质和素质优势，找到自己发展的独特领域，实现自己成功素质的开发与培养。

尊重和开发学生的个性是由成功素质教育目的所决定的。成功素质教育认为，个性是指一个人区别于其他人的独特的精神面貌和心理特征，每个人本身就是个性的存在。个性是在先天遗传的基础上，通过环境的影响、教育的开发，以及在社会生活实践中逐渐形成和发展起来的。学生的个性发展与彰显，是成功素质教育的重要内容之一。杨振宁说："教育的最大成功在于使每个人的最大能力和创造性得到充分的开发。读书不是学习的目的，而应是创造新知识、新体系的一种手段。"这也说明，只有通过在教育的不同阶段科学运用各种教育手段作用于学生的个性形成与发展，寻找学生身上的最强点和闪光点，并加以挖掘和开发，才能实现学生的个性发展进而培养其成功素质。

个性发展原则是全面推行素质教育的基本要求，是素质教育的

本质特征之一。作为以开发成功素质为价值取向的教育，一方面，必须承认并尊重每个人与生俱来的素质基础与素质差异，这种素质基础与素质差异不仅是后天开发的前提，而且还决定着后天开发的方向、途径和实现程度；另一方面，不应只看到一个人的外在表象，而应该注重发现人的潜质，并加以开发和提升。人们之所以强调并重视因材施教，其根据就在于此。强调个性发展，是素质教育的本质要求。

（2）基本要求

尊重和保护学生个性。尊重和保护学生个性是学生个性发展的前提。成功素质教育要求保护学生个性，需要从几个方面着手：一要更新育人观念。学生没有好差之分，只有个性与素质的差异。对于教师来说，则应该把学生视为一个个鲜活的个体，人人具有成功的潜质，平等地对待每个学生，所谓"有教无类"。不能戴着有色眼镜去看待学生，不以个人喜好或单纯学习成绩来评价学生，从而错失了每个学生可能被开发成功的机会。二要创设条件尊重和保护学生个性。比如通过校园文化建设，营造尊重个性、崇尚个性的氛围，让学生认识到个性不仅是自己的特质，更要成为自己的优势，只有个性充分发展，才是实现成功最有效的途径。

彰显个性。成功素质教育要求彰显个性，是对传统学生观的突破。传统教育把学生的锋芒毕露、桀骜不驯、恃才傲物、课外"歪门邪道"之术等视为"洪水猛兽"，加以压制和管束。高等教育要培养成千上万的人才，这个人才不能是"千人一面"的人才，而应该是人皆有才，各有千秋。成功素质教育是以学生为本、开发学生潜质、发展学生个性的教育，是人尽其才、人人得以成才的教育。张扬个性，需要从下面几方面着手：一是建立激励机制，激发学生自我展示、自我表现的欲望；二是创设条件，为学生张扬个性、发挥个性、展示个性提供平台；三是重视特长生的培养，根据学生自身的发展潜质和素质优势去开发他们的成功素质。

引导个性。学生的个性需要正确引导。没有经过正确引导的个性，其发展会发生偏差。成功素质教育要求引导个性，需要从两个方面着手：一是引导学生个性发展的方向。在教育教学过程中，教师要对学生的个性发展起导向作用，要充分认识学生个性发展的规律，有针对性地引导学生个性的发展。现实生活中，有的学生将个性绝对化，认为发展个性就是我行我素，想干什么就干什么，从而荒废学业；有的学生在发展个性过程中，无视校纪校规，影响学校正常的教学和管理秩序；有的学生只注重个人的发展，忽略个性发展的社会性和个人所承担的社会责任等。针对这些现象，教师需要对大学生的个性发展进行正确引导，让学生明了个性发展的真正含义与内容，并将个性发展的社会性和学生的自我意识统一起来。二是完善学生个性发展的途径。主要是在专业素质教育和非专业素质教育中都要充分重视学生个性的引导，通过挖掘学生多方面的潜质，引导学生的特长发展，充分开发学生的优势素质，促进学生个性的充分开发。

因材施教。因材施教是指在教学中，教师既要注意学生的共同特点又要照顾个别差异，从学生的实际出发，有的放矢地进行教学，使每个学生都能扬长避短，获得最佳的发展。成功素质教育要求教师必须具备一双"慧眼"，对学生的知识水平、接受能力、学习风气、学习态度和每个学生的兴趣、爱好、知识储备、智力水平以及思想、身体等方面的特点要进行全面深入地了解，对其个别差异等变量因素作科学分析，以便从实际出发，有针对性地进行教育。成功素质教育既要面向全体学生，更要善于兼顾个别差异，量体裁衣，因人而异，把个性发展真正落实到每个学生身上，使每个学生都得

到相应的发展。

理论与实践相结合原则

（1）基本含义

成功素质教育认为，理论与实践相结合原则是指以理论学习为基础，把实践作为知识内化和素质形成的根本途径，并在实践中去运用知识和提高素质。

理论与实践相结合原则是反映素质教育规律的一项基本原则。成功素质教育认为，除先天遗传外，素质不能直接传递，只能通过后天开发、训练内化而成，其中，实践经验内化是基本途径之一。因此，理论与实践相结合是掌握理论知识、培养和开发学生成功素质的重要教育原则。

实践是认识的源泉和动力，也是认识的目的。理论与实践相结合是实现知识转化和知识内化的基本途径和手段。离开实践的知识是空泛的知识，离开实践的理论是空洞的理论。

一切真知与创造都源于实践。然而，传统教学方式的最大缺陷恰恰就是对学生亲身实践的漠视，往往把他们禁锢于一种静止、封闭的被动状态之中，使得他们本应旺盛的求知欲望、创新激情、成功心理遭到无情的抑制乃至扼杀。要开发学生的创新潜质，培育学生的成功素质，就必须坚决打破这种刻板的教育教学观念与形式，构建一种基于学生知识获取、突出实践地位的育人途径，即让学生在理论与实践的结合中学习，在理论与实践的结合中实践，在理论与实践的结合中体验，在理论与实践的结合中提高。

（2）基本要求

转变教学观念。这一原则要求在教育过程中克服以往教学中重理论轻实践、重知识轻能力的倾向，变以往的"听中学"、"看中学"为"练中学"、"做中学"、"活动中学"。要在理论知识的传授

过程中，重视学生的实践，重视学生在理论与实践相结合中的自我领悟、自我体验和自主创新，即通过理论与实践相结合的活动内化素质。

在教学中贯彻理论与实践相结合原则。首先要保证实践课在教学计划中的恰当的比例，赋予实践教学的"法定地位"；其次要保证实践教学的足够课时量，这是将实践教学落到实处的基本保证；最后要在教学过程中具体落实并保障实践教学质量，要在成功素质教育大教学观、大课堂观的指引下，打通课内学习与课外活动、知识积累与实际运用的壁垒，从实践入手，让学生在亲身经历的实践活动中学习知识，锻炼动手能力，提升自身素质，使成功素质得到全面发展。

要求师资队伍具备更高的素质。理论与实践相结合的原则对教师素质提出了更高的要求。教师不仅需要具备扎实的理论知识，较高的理论素养，更需要有丰富的实践经验，很强的实践动手能力和技术操作能力。因此，学校尤其要抓好"双师型"教师队伍的建设。

学以致用原则

（1）基本含义

成功素质教育认为，学以致用，以用促学，学用相长；以用促教，教用相长，是教学的最高境界。学了不能用，学了不会用，等于"白学"；教的不能用，教的不会用，等于"白教"。要做到学以致用，必须遵循"三用"原则，即"适用、够用、会用"。适用、够用是要求，会用是目的。

"适用"，就是指教学内容要以"适用"为标准，"无用"的不教，"用不上"的不教。人类知识浩如烟海，"活到老，学到老，还有七分没学到"。因此，适用原则就是要选取最需要、最重要、最适用的内容教给学生。这是教学内容的上限，即"多了不行"。

"够用"，就是指教学内容要以"够用"为标准，确保教学内容与教学目标和社会对人才素质的需求相符合，确保"够用"。这是教学内容的下限，即"少了不行"。

"会用"，就是指教学内容一定要内化为学生的素质。所学能不能用是对教学效果最直接的检验。在教学过程中，教师一定要将基础理论、基本知识、基本技能通过学生的实践、内化为学生的素质。只有提升到这一境界，学生才能闻一知十、举一反三，在实践中运用自如。"会用"是教学的最根本的要求。

"适用、够用、会用"的"三用"原理，是落实培养规格的重要保证。

（2）基本要求

人才培养方案的制订必须体现"三用原则"。按照"适用"的要求，在制订人才培养方案时，教学内容要适用，不适用的不教。核心课程要加强，基础课程要精干，边缘课程要适度。要勇于将那些无"用"和可用可不用的课程，从课程体系之中剔除出去。

按照"够用"的要求，在制订人才培养方案时，要保证教学内容达到培养目标的要求。课程安排要以"必需"和"够用"为标准。要根据不同专业的不同特点，根据社会需求确定课程内容。在学时、学分的分配以及考核测评的权重上，属于核心素质类的课程要加大课时量。

按照"会用"的要求，在制订人才培养方案时，要强化实践教学，要加大社会实践、教学实验、实训课程在人才培养方案中所占学时学分的权重。

教学内容与教学方法必须贯彻"三用原则"。按照"适用"的要求，教师在教学各环节的教学过程中，要根据社会需求与人才培养的规律，科学选择教材，合理取舍教材的内容，保证教学内容的

适用性。要善于进行教学内容的适用性研究，明确社会真正需要什么样的人才，学生真正需要学什么。要确保在日益膨胀的知识总量与种类中精心选择，使所教的内容符合"适用"的要求。

按照"够用"的要求，教师在教学过程中，要善于突破教育教学的难点，凸显重点和把握要点，一般理论知识要简，重点教学内容要精。要根据社会需求和学生特点，把握教学内容。

按照"会用"的要求，教师在教学过程中，要引导学生将所学知识"内化"为实际工作能力，学会利用所学的知识分析问题和解决实际问题。

开放办学原则

（1）基本含义

成功素质教育的开放办学原则认为大学应有"全球思维"和"世界眼光"，要实行对内对外全方位开放。只有在开放的视野下办学，学校才有生命力和竞争力。

开放办学是提升学校核心竞争力的必然选择。世界高等教育领域所面临的激烈竞争的发展环境，使得许多高校都把开放办学作为提高办学实力和核心竞争力的重要手段。香港科技大学正是因为其开放办学力度大，办学仅短短的十几年，就已跻身于世界名校之林。应该承认，我国大学与世界高水平大学还存在很大差距。要缩小这种差距，重要的途径就是走开放办学之路。开放办学的意义在于：使高校提高对教育资源的利用率，促进校际之间的学术交流与合作，实现资源共享、优势互补；能借鉴世界上先进的教育理念、办学经验与管理经验，加强国际学术交流与教育合作，提高学校的教育质量和学术水平，提高学校的影响力和国际知名度。

开放办学是提升学生核心竞争力的必然选择。大学生的核心竞争力是其综合素质的集中体现，是优秀的专业素质与非专业素质的

统一。或者说，大学生核心竞争力是以个人专长为核心的观念、品质、知识、能力、方法等各方面的综合实力。一句话，成功素质是大学生的核心竞争力。只有开放办学能够使大学生的志向更远大、观念更先进、视野更开阔、胸怀更宽广，更能让学生在开放的育人环境中得到熏陶和升华。世界眼光、全球思维是成功素质的内在要求。一个学生，只有在开放的环境中才能更好地了解自己与他人；一所大学，只有在开放办学中才能培养出更多"经常仰望星空"、具有全球视野的优秀大学生。

（2）基本要求

开放办学的形式有三个方面：面向国内高校开放办学；面向社会开放办学；面向世界开放办学。

面向国内高校开放办学。首先要广泛开展校际合作，注重国内高校之间的横向联系，彼此共享资源，取长补短，相互学习，办出特色。各高校都有各自的优势和特色，但也不同程度地存在着互设壁垒、条块分割、资源浪费的现象，因而难以适应经济"全球化"和"一体化"的需要。国内校际间的开放办学，可以包括教师互聘、资源共享、学分互认等方式，既有助于发挥自身优势，营造全面发展人才的培养氛围，又能促进学科交叉、优势互补，提高整体规模效益，提升高校核心竞争力。此外，还可适度地通过组织学生"游学"、大学之间签订学生互换培养协议、选送学生到其他大学的优势学科学习等途径，以培养学生的优秀素质，提高学生的核心竞争力。

面向社会开放办学。培养学生的成功素质，使学生成为社会上的"抢手人才"，必须对社会开放办学。

校企合作、校所合作是向社会开放办学的基本形式。教育规律要求，教育必须与经济发展相适应。教育作为上层建筑的一部分，必须适应经济发展这一经济基础。大学的使命是育人，企业的目的是赢利，校企合作要以"双赢"、"多赢"为目的。

校企合作是教育与经济相结合的具体化，是学校与企业两类不同社会组织的优势互补，它能在更大范围和更高层次上培养出企业急需的各类人才。高校要瞄准市场，根据社会需求、企业需要去合理调整专业设置，减少或砍掉那些社会已经饱和的专业，增设社会需求量大的新专业，为社会输送大批高素质、应用型、创新型的"抢手人才"；高校也可聘请企业具有专业技术实践经验的高级技师、高级工程师来担任全职或兼职教师，学校与企业联手培养符合现代企业所需的高素质人才，为市场经济发展提供智力支持。学校还要与社会科研机构、设计院所开展多途径、多形式、多层次的合作，比如进行科研项目和科研课题合作。

学校与科研部门充分发挥各自在人才、科研与技术开发上的优势，在产学研结合、高新技术成果转化、新技术产业创办、培育新的经济增长点等方面进行合作。学校还可以与企业、院所签订协议，建立学生实践、实习基地，为培养学生的实际动手能力提供平台，促使学生的专业素质在科研实践中得到加强和提升。校企合作、校所合作培养出来的学生既有扎实的文化和专业理论基础，又有与岗位能力要求相适应的专业素质。这样就很好地实现了学校与企业、学校与科研院所的"无缝对接"。

同时，高校可以为科研机构、设计院等提供充裕的科研经费，企业又可以将高校的最新技术成果转化为生产力。

面向世界开放办学。高校必须关注世界教育发展的大趋势，大胆借鉴并吸取国际上先进办学经验与管理经验，面向世界开放办学。如与世界高水平大学开展学者互访、互派留学生、学分互认、学术讲座、经验交流等形式，提高办学质量和办学水平。

2. 成功素质教育的理念与模式

成功素质教育是一种全新的大学教育理念与教育模式。它是以让学生具备成功者所共有的特质即成功素质为培养目标，实行专业素质教育与非专业素质教育有机结合，使学生在学校即具备成功素质，一跨出校门就能适应社会，并能在激烈的竞争中获得成功的一种教育理念和教育模式。成功素质教育是我国方兴未艾的素质教育的新突破，是人才培养模式的新创造。

成功素质教育提出的依据

现行学校素质教育主要是人文素质教育，学习的主要内容是文史哲和艺术，这种人文素质教育仅仅是非专业素质教育的部分内容，更何况这种教育仅仅采用讲课和讲座的方式，缺乏必要的实践和训练，实际上只是课堂人文知识教育而已。

成功素质教育是素质教育的新思考

近些年来，"素质教育"已成为我国教育文本中使用频率最高的概念之一，各级各类学校都在研究并实践素质教育。

虽然素质教育得到重视与推广，但我国素质教育存在的问题和不足十分明显：没有形成系统的理论体系；没有形成相应的实践体系；现行的素质教育主要侧重于中小学；现行学校素质教育远未形成一种教育理念与模式。

现行学校素质教育，由于缺乏对当代学生素质特点的深入研究，因而缺乏针对性。主要表现为两个方面：侧重于专业素质教育，而忽视非专业素质教育。由于应试教育固有的弊端及独生子女的家庭环境，加上市场经济的某些负面影响，相当一部分学生的素质缺陷是显而易见的，比如在思想素质方面，突出表现为缺乏远大理想、奉献精神、敬业精神、社会公德、法律意识；在心理素质方面，主要表现为缺乏抗挫折能力、社会适应能力，心理素质脆弱。即使在专业素质教育方面，也侧重于理论而忽视实践。比如在学生能力素质方面，主要表现为社会实践能力、动手操作能力、表达能力和创造能力不强。

成功素质教育吸取了素质教育理论的精华，并结合我国教育实际，形成了全新的教育观点、教育思想、教育理念，从而形成了全新的学校素质教育理论体系。成功素质教育克服了现行学校素质教育的不足，使空泛的素质教育变成系统的、针对性强的、具有可操作性的素质教育，构建起全新的以塑造学生成功素质为目标的办学模式、教学模式、训练模式、培养模式、测评模式，从而形成了全新的学校素质教育实践体系。

成功素质教育是时代对教育的新要求

人类社会进入 21 世纪，经济全球化、科技加速发展、竞争更加激烈，对大学教育提出了新的要求。

（1）要求必须培养出具有成功素质的人才

科技加速发展，国际竞争异常激烈的现实，要求学校教育必须培养出具有成功素质的人才。众所周知，综合国力的竞争集中表现为人才的竞争，而人才的竞争，实质上是具有成功素质的人才的竞争。只有具有成功素质的人才才能在激烈的竞争中取胜。能否培养出具有成功素质的人才，取决于大学教育是否顺应时代的要求，是否具有先进的教育理念和教学模式。成功素质教育作为一种全新的大学教育观，它以塑造学生的成功素质为培养目标，其完整的理论体系和实践体系最直接、最大限度地适应了加速发展和激烈竞争的社会要求。

（2）要求必须更加重视非专业素质

科技加速发展、国际竞争异常激烈的现实，要求学校教育在人才素质结构上必须更加重视非专业素质。当今社会，知识更新速度不断加快，高新技术层出不穷，社会联系越来越紧密，一个人仅仅具备良好的专业素质是远远不够的。世界观、价值观、敬业精神、创新精神、思维方法、实践能力、人格品质、思想道德、心理素质等非专业素质的培养日显重要。因此，学校教育不仅要培养学生的专业素质，同时也要培养学生的非专业素质。而学生非专业素质的培养恰恰是现行学校教育忽视的一个方面。成功素质教育则站在时代的前沿，将非专业素质教育和专业素质教育有机统一起来，塑造学生完整的素质结构，从而引导学生更好地适应不断变化的社会，逐步走向成功。

（3）要求必须培养出以创新素质为核心的成功素质人才

科技加速发展，国际竞争异常激烈的现实，要求大学教育必须培养出以创新素质为核心的成功素质人才。创新是一个民族的灵魂，是国家兴旺发达的不竭动力。只有勇于创新、善于创新，才能在社会竞争日益激烈的时代背景下脱颖而出，走向成功，实现个人价值，为社会做贡献。而我国现行教育的某些固定模式极大地抑制了学生个性的发展和创造力的发挥。成功素质教育以其全新的教育理念和教育模式对传统的教育理念和模式进行了扬弃，它要求顺应时代的发展，培养学生以创新素质为核心的成功素质，从而使其个人价值得以实现，社会价值得以彰显。

成功素质教育的理论体系

成功素质教育以现代哲学、教育学、心理学、统计学、成功学、人才学、社会学、行为科学、伦理学、管理学、素质教育理论、系统论等学科群为理论基础，形成了自己的理论体系。

（1）素质和素质教育理论

素质就是影响或决定人的言行的内在因素。言行是素质的外在表现。素质是先天性和后天习得性的统一；稳定性和发展性的统一；个体性和群体性的统一。人的素质以先天遗传素质为基础，但人的素质的提高，后天起着决定的作用。除先天素质外，素质不能"直接传递"，只能通过潜移默化或训练内化而成。"内化"是素质"养成"的基本途径，是素质发展的基本规律。

（2）成功和成功素质理论

追求成功是一个人和社会发展与进步的动力。成功有广义和狭义之分：广义的成功是指实现既定目标；狭义的成功是指作出了突出成就和贡献，为社会所认可，实现个体价值和社会价值的统一。狭义的成功是我们研究的对象。

成功有规律可循：凡成功必须具备三要素：一定的社会环境、一定的发展机遇、主体的成功素质。我们称之为成功的要素定律。在同一的社会环境和发展机遇下，成功与否的决定因素是成功素质的高低。我们称之为成功素质决定律。

成功的大小即成功值是可以衡量的。主体对社会作出贡献的大小，可以通过占有和支配社会资源的多少来衡量。在取得一定成功后，成功素质越高，成功值越大；反之，成功值越小，甚至趋近于零。我们称之为成功值定律。

成功素质，是指成功者共同具有的素质。成功素质包括一般成功素质和特殊成功素质。通过对古今中外成功人士的研究，一般成功素质包括为五大体系，即：观念体系，包括世界观、价值观、人生观和敬业精神、拼搏精神、创新精神等；品格体系，主要包括人格、诚信、毅力、性格、风度、气质、修养等；方法体系，主要包括思维方法和操作方法等；能力体系，主要包括领导、组织、管理、

观察、分析、表达、协调、沟通、应变、公关能力等；知识体系，主要包括专业知识和非专业知识。在成功素质的五大体系中，观念体系是核心体系。特殊成功素质指作为专家所具有的特殊素质，如思想家素质、科学家素质、政治家素质、艺术家素质、企业家素质等。

（3）成功素质教育观

教学的目的不仅要塑造学生的专业素质，也是要培养学生的非专业素质。这是成功素质教育的教学观。

成功素质教育鼓励学生张扬个性，认为通过严格正规录取进入学校的学生没有差生，只有学生个性的差异。进入重点学校的学生不一定能成功，进入一般院校的学生不一定不成功，学生成功与否关键在于学校的教育理念和培养模式。通过成功素质教育，每个学生都有可能取得成功。这是成功素质教育的学生观。

成功素质教育认为，教师是提高学校办学质量、实现学校跨越式发展的关键。合格的教师必须是能够塑造学生成功素质的导师，教师是"导演"，而不是"演员"。教师不仅仅是指那些讲课的教师，全校所有的教职员工都是教师，都是学生成功素质的塑造者。校长是第一素质导师。这是成功素质教育的教师观。

成功素质教育要求学生把学习作为一种人力资本的投资、一种自我修养、一种提升人生境界的内在需要，让学生变被动学习为主动学习，变"要我学"为"我要学"。学生要带着疑问学习，进行批判式、探索式、研究式学习，自觉提高自身成功素质。这是成功素质教育的学习观。

成功素质教育主张学术民主，主张教学相长。在课堂上教师和学生是平等的探索者、研究者。师生关系首先是平等关系，教师应鼓励学生敢于提出不同意见，进行批判性学习和创造性思维。这是

成功素质教育的师生观。

（4）成功素质教育的办学理念

超前发展理念：成功素质教育认为，发展必须超前，学校教育更应面向世界、面向未来，只有超前发展才能实现真正的发展。实现超前发展的前提条件就是大胆改革、标新立异、打破常规。

创新教育理念：创新精神是一所学校的灵魂。要取得成功必须创新，创新才能获得成功，创新是成功素质的核心素质，成功素质教育的核心要求是培养全体师生的创新素质。要培养具有创新素质的高级专业人才，学校教育必须不断地进行教育理念创新、办学模式创新、教学方法创新。

实用教学理念：成功素质教育认为，教学最重要的原则是"管用、够用、会用"，即"三用"原则。"管用"即教学内容要管用，不管用的不教；"够用"即保证教学内容达到培养目标；"会用"就是保证教学内容为学生真正掌握。教学的主要目标不仅仅是传授知识，更应是传授方法、训练思维、开启智慧。

系统教育理念：成功素质教育把学生的培养看作是一个系统工程，主张在办学过程中要注重突出"一个特色"，抓好"两个课堂"、立足"三个阵地"、依靠"四支基本队伍"。一个特色，即成功素质教育的办学特色；两个课堂，即专业素质课堂和非专业素质课堂；三个阵地，即学校、家庭、社会。在三个阵地中，以学校为系统教育的主阵地，同时充分利用家长委员会协助教育，帮助学生成长，还需利用社会各种有效的教育资源引导和塑造学生的成功素质；四支基本队伍，即教师队伍、素质导师队伍、科研实验人员队伍、管理人员队伍。成功素质教育强调充分发挥四支队伍的重要作用。

成功素质教育不仅不否认知识的重要作用，而且认为知识是形

成和提高非专业素质的基础。它同时认为，实践出真知。素质不能直接传递，只有通过训练才能"内化"而成。因此，成功素质教育强调学生实践能力的培养，强调教学过程中的实验、实习和实训，认为只有通过大量的实践活动才能培养学生的成功素质，要求加强实践环节，加强动手动口能力和各种素质的培养，主张文科的学生要从图书馆和社会里"泡"出来，工科的学生要从实验室和工厂里"磨"出来。

成功素质教育认为学校的主体是学生，"三个一切"，即一切为了学生，一切为了教育质量的提高，一切为了学校的发展，其落脚点是一切为了学生，一切为了塑造学生的成功素质。"三个一切"是学生至上的最好诠释。学校一切工作的好坏特别是学校教学质量的高低最终要靠学生是否成功来衡量。

师资是提高学校办学质量的保证，是学校实现超前发展的关键。学校没有一支结构合理、素质优良的师资队伍，就不能保证人才培养质量，学生至上也是一句空话。

因材施教理念：成功素质教育认为学生人人都可能成功，但同时又承认人的素质基础和素质特长的差异，主张因材施教。学校应根据学生的基础和特长确定素质培养的目标和方法。

从严治校理念：塑造成功素质必须从严治校。一个好的校风、教风、学风都是"严"出来的。从严治校要求制度高于一切、大于一切，要求依法治校，从严治教，从严治学，从严治考。

成功素质教育的实践体系

成功素质教育在形成自己的理论体系的同时，也形成了自己的实践体系。

（1）成功素质教育的目标模式

成功素质教育的培养目标可以概括为"一二三四"，即：强调学

好一个专业、掌握二个基本技能、夯实三项基本功、塑造四项基本品质。

（2）成功素质教育的人才培养模式

根据因材施教原则，成功素质教育实行大众教育与精英教育的培养模式，99%的学生按高素质劳动者方向培养，1%的学生按企业家、科学家、艺术家、教育家、政治家等拔尖创新人才培养，即"99+1"的培养模式。

（3）成功素质教育的专业设计和学生生涯设计模式

成功素质教育在专业设计上主张兼顾社会需要和个人素质基础、素质特长、素质发展要求两个实际，考虑当前和未来两种需要，以培养成功人才为目标，根据"五大成功素质"体系制定科学完整的培养方案，要求围绕成功素质的培养进行专业设计。强调贴近市场和社会需求，强调以成功素质为蓝本。在培养目标上，各专业都要明确培养"成功的专业人才"的目标，如经济管理专业以培养"企业家素质"为目标等。

学生普遍忽视对自己生涯的规划和设计，学校也缺乏这方面的教育和指导。许多学生在学习中惯了服从学校和老师安排，进入学校后不知如何安排学校生活，更不知如何规划自己的一生，因而对学生活感到茫然、"郁闷"。为此，成功素质教育要求每个学生要进行自我生涯设计，为自己设计一个个性化的未来。学生的自我生涯设计分学业生涯设计和职业生涯设计两个方面。这种学业生涯设计主要是对学习生活的规划和设计，包括个人理想、总目标、年度目标、学期目标。职业生涯设计则是对自己未来职业生涯的规划与设计，包括职业目标、成功目标、职业发展计划等。

（4）成功素质教育的教学模式

在课程体系的构建上，成功素质教育把专业素质课和非专业素质课放在同等重要的地位，专业教师主要负责第一课堂，以培养学生的专业素质为主；成功素质教育首创"素质导师制"，即改班主任和辅导员为素质导师，负责第二课堂，对学生进行非专业素质的塑造。使专业素质课和非专业素质课有机结合、共同培养学生的成功素质。

在教学内容的结构上，成功素质教育强调核心课程要加强，基础课程要精干，边缘课程要适度，同时突出实践课的地位。

在教学方法上，成功素质教育强调教师要讲"课"，而不是讲"书"，要求教师对教材进行再消化、再创造，"教师的讲义才是真正的教材"。成功素质教育要求教师要树立三种精神："怀疑精神"，坚信一切知识都是可以怀疑的；"批判精神"，坚信一切事物都是不完善的，因此都是可以改进的；"创新精神"，要大胆创新，使教学成为充满激情与创意的过程。教师要为学生创设两个空间，即自由思想和自由选择空间。在讲课时，要求理科教师适当引入科学史、科学家的事迹和文学艺术等课程内容，以有利于培养学生的人文精神；文科教师讲课要适当引入科学知识，以有利于培养学生的科学素质。成功素质教育对教师授课提出四点要求：核心知识要经典；前沿信息要及时；争议内容要适度；课程教学要重方法。

（5）成功素质教育的师资队伍建设模式

成功素质教育把师资队伍建设放在学校发展的重中之重来考虑，要求师资队伍的结构要做到三个"三分之一"：三分之一的师资是本校培养的，以保证学校的办学特色；三分之一的师资是从其它学校引进的，以保证教学水平在交流中提高；三分之一的师资是从社会引进的，以强化学生实践能力的培养，同时密切学校与社会的联系。

（6）成功素质教育的实践、实训模式

成功素质教育特别强调学校的实习、实验等实践条件，认为学

校应建立完善系统的实践设施，有什么样的教学内容，就应有什么样的实践条件。同时，成功素质教育要求建立稳定的实习基地，拓宽学生实践的平台。在课时的分配上，实践课要占较大的比重，强调文科也要建实验室。学生既要进行专业实习，也要进行社会适应能力的实习，还要进行吃苦精神等品质的磨炼。总之，要通过完善的实践系统提高学生的实践能力和社会适应能力。

（7）成功素质教育的测评模式

成功素质教育认为，学生素质的高低，不能仅用考试分数来衡量。对学生的测评，不能单纯看专业分数，还应该看学生的非专业素质，专业分数只反映了学生的专业素质，而非专业素质在人的成长成功中往往起着极为重要的作用。

成功素质教育要求改革传统的考试模式，从单纯注重测试知识向测试素质转变，同时注重对学生的非专业素质的测评。

成功素质教育突破了传统的学生评价体系。成功素质教育认为，传统的评价体系，包括学分制在内从本质上说是应试教育的产物，它侧重于专业素质的测评，而忽视非专业素质测评。这就是有些学生在校专业成绩好，在社会上却无所作为；有些学生专业成绩差，在社会上却能成就大业的原因。实施成功素质教育，就必须建立与其相应的测评体系。成功素质教育首创"素质学分制"，它包括专业素质学分与非专业素质学分两部分。这就建立起了学生在校学习状况和社会发展状况基本吻合的测评体系。该测评体系建立后，必将带来高等教育领域的一场革命。

成功素质教育作为一种全新的大学教育理念与教育模式，在武汉科技大学中南分校这块高等教育改革的沃土上，经过全体师生员工数年来的共同奋斗和不懈探索，现已初步形成了独具特色的理论体系和实践体系。随着高等教育教学领域改革的不断深化，成功素

质教育将更加充实丰满，日臻完善。

3. 学生成功教育的影响要素

学生的成功行为有赖于宽松、自由、民主、和谐的外部学习环境。因此，在成功教育课题实验中，教师的首要任务就是，要牢牢把握影响学生成就行为的三大要素，即期望、机会和评价，积极创设有利于学生不断尝试和探索成功的外部环境。

期望

作为一种影响学生成长、学习和发展的重要变量，教师的期望主要是通过影响学生的自我评价，促进学生的"自验效应"而产生独特的作用的。尽管从理论上讲，对学生的性别、外貌、家庭背景、智力、性格、气质等多种因素的知觉差异，会使教师对学生寄予不同取向的期望，但在传统教学实践中，多数教师主要是基于对学生的智力和学习成绩的认知而决定对学生期望的水平。对智力程度较高、学习成绩居上的学生，教师通常会对其寄予较高水平的期望；而对智力水平和学业成绩平常乃至低常的学生，多数教师则更有可能会降低对他们的期望，或者寄予消极的预期，并在教学过程中自觉或不自觉地产生对这些学生发展不利的行为方式。因此，在实施成功教育的过程中，教师应采取多方面的措施，确保对所有学生寄予公正而适宜的期望。

（1）相信学生的愿望与潜能

从长远上，教师要坚信每一个学生都有成功的愿望和潜能，最终都能获得成功。面对升学的现实压力，有些教师认为"既然不是所有学生都能考上大学，就没有必要对明显后进的学生抱什么指望"。为此，应该首先在成功实验班学生中开展一次"高考目标"调查，针对许多学生"不切实际"的目标，教师不要简单地予以否定，而要"宁可信其有，不可信其无"，趁势激励学生，"尽管往届有许多学生难以实现入学之初他们自定的升学愿望，我们还是相信我们能成功，只要大家愿意比他们付出更多的努力"。

（2）教师应从学生能力出发

在具体的教育教学过程中，教师应从学生的知识基础和实际能力出发。对学生寄予的期望，对学生提出的问题和考查内容应该是既有意义，且又是学生经过思考、操作努力后能够达到的目标和要求。如果教师对学生的期望太高，提供的学习和考查材料太难，学生会因为达不到要求而产生愧疚，学习自信心受到挑战，久而久之，还会滋生厌学情绪。相反，如果教师对学生的期望过低，提出的学习要求远远低于他们的现实水平，学生不加思索、轻而易举就能完成任务，那么，他们不仅体验不到知识学习的快乐，反而会认为被教师看不起，降低学习积极性和学习效能感。

（3）减少对学生的不良偏见

从微观上，教师理当减少对学业不良学生的偏见以及不公正的区别对待教学行为。美国心理学家古德在分析有关研究后，发现教师对待优秀生和差生的态度和教学行为大有区别：他们等待差生回答问题的时间较少，常常是立即给出答案，或叫另一个学生回答，而不是通过启发、重复、或者换一种提问的方法，来改进学生的回答；当差生成功时，教师给予较少的奖励，当差生失败时则给予较多的责难；将差生的座位安排得离教师较远；对差生的学习要求较低，对差生较少注意且较少要他们回答问题；师生间较少互动和沟通，对差生不够友善，对他们的笑容较少，对差生回答所给予的反馈较简单与差生的目光接触较少；对他们较少要求并避免让他们当众表现；对考试或作业实行不同的管理或评分标准，对于一些模棱两可的答案，给予优等生以比较肯定性的评判，对差生则否定得多；对差生的观点不易接受和采纳；给差生规定的学习和作业材料十分贫乏，其内容非常有限且以重复性的内容居多，强调背诵事实性的知识，而没有进行拓展性的讨论学习，很少安排实际运用及深层思考的作业。

因此，在成功教育实验过程中，要善待每一位学业不良学生，要求教师对每一位学业不良学生寄予适宜的期望，并且在日常教学中，通过与优等生的同等对待行为以及必要的激励言行，将教师适宜的期待传递给每一位学业不良学生。

机会

对于学校和教师来说，实施成功教育就是要通过创造条件、优化物理和心理环境引导学生积极参与教育、教学活动以及兴趣特长培养的活动，为每一个学生创造尽可能多的成功机会。只有通过目标明确、监控有力、形式多样、主辅分明的活动，才有可能为学生展示才华、获得成功提供机会。在实施成功教育的过程中，教师可通过多种途径为学生创造成功的机会。

（1）教师提供与学生交流的场所

教师应尽可能多地为学生提供展示和交流学习成果、探究或研讨问题的场所。基于此种考虑，成功教育实验班的教室应设置有学生"学习中心"。比如，在教室里设置特殊的墙面，让学生在此处展示自己的学习作品，交流自己的学习心得体会，提出疑难问题留待同学帮忙解决，甚至就某一具体的学习任务向其他同学提出挑战。当然，"学习中心"不仅仅局限于课内，同样适用于课外。资源丰富、监管适度的课外学习中心无论是对学生积极发展爱好，还是对拓展课堂学习，都能起到良好的促进作用。只不过，课外学习中心

实际上更像学生的活动中心，是学生兴趣特长的孵化场，是课内学习的实践场所。

（2）教师要考虑对不同学生提出问题

教师在设置课堂提问、作业和考试题目时，不仅要考虑问题对教学目标的支撑度、问题的代表性，更应考虑学习任务对不同学生的适宜度教师所设置的问题最好是人人能动动脑筋，多数同学能够答对的。比如，我们在成功教育实验班推行"四环立体作业法"，基础较差的学生可以选做"原样模仿"级作业，这类题基本上是对课本例题或相关内容的原样重复，学生在操作时，在理解课本内容的前提下，可以原样模仿作业；"略变再造"问题是对课本例题中相关数据或重要文句略加变更，要求学生在模仿课本例题的前提下，再造问题答案；"多变迁移"则是在学生深刻领会例题和范文的情况下，求解课本中章节习题，在减少参照教材例题或范文的情况下，灵活解决问题；"思路创新"则要求学生运用发散思维，突破教材和习惯思维的局限性，创新解题思路。

（3）推崇积极的课堂学习方式

一切有利于提高学生参与课堂学习积极性的学习方式在成功教育的课堂教学中最受推崇。比如，教师应尽可能多地运用小组合作学习、探究学习、课堂辩论、游戏表演等教学方法提高学生的学习参与面和参与深度。

（4）确保学生的平等学习机会

教师还应确保所有学生拥有平等的学习机会。在我国现阶段的大班额授课条件下，由于教师个人的主观意志，导致课堂师生互动在对象、内容、时空和性质上存在差异，从而造成课堂学习机会的不均等。为改变这种现状，要采用多种措施，极力创设人人平等的课堂学习环境。比如，在讲台上放置学生的"名签筒"，将每位学生的姓名写在单张竹签上，所有竹签均插放在一个竹筒中，教师在给学生布置演算和提问时，均通过从"名签筒"中随机抽签来确定学生作答。

评价

成功教育提倡教师对学生实施鼓励性评价，即多肯定，多表扬，少否定、少批评、零打击、零贬低。教师要细心发现学生微小的进步，及时给以热情诚恳的赞许。尽量不使用批评性评价，即使学生失败了，也要在肯定成绩的基础上指出其不足。即使在指出其不足的时候，也要让学生感受到他并不是一无是处。在对学生的表现采用"移情同理、委婉建言、巧妙暗示、隐名点评"等保护性评价。在评价时应"一重态度、二重过程、三重结果"。

鼓励性评价的方式是多种多样的。一种值得推崇的做法是，教师对学生的作业尽量不打低分，如果学生做错了，令其重做、订正之后再打分。教师给学生打"区间发展分"也是一种既能给学生挽回面子，又不失公允的好方法。比如，同一任务的作业如果学生第一次得到76分，第二次能得到83分，教师就给学生评"76～83"分。此外，教师适时地给予鼓励性评语，如"你进步了!"、"你又进步了!"或赞许性词语，如"正确、整洁、美观!"，甚至偶尔一个笑脸、一次点头、一次抚摸都可以成为对学生的鼓励方式。当然，鼓励性评价也要实事求是，恰如其分，不可夸大其辞，甚至"廉价奉送"，那样会使鼓励性评价收不到鼓励的效果。要讲究评价艺术，注意选用恰当的方式和恰当的用语。

4. 成功素质教育的心理构成与实施

成功素质教育是一种先进的教育理念，它是以让学生具备与其积极向上的人生奋斗目标相一致的优秀素质即成功素质为培养目标，实行专业素质教育和非专业素质教育有机结合，定向培养成功素质，克服失败因子，使学生在学校即具备成功素质，一跨出校门就能适应社会，并能在激烈的竞争中获得成功的，一种前所未有的教育理念和教育模式。

勿容置疑，随着人类社会中竞争的加剧以及我国市场经济的全面深化，成功素质已成为当今时代人们成事、成才、成功不容忽视、不可或缺，且需人人必备的重要的素质要素。唯靠大力推行和普及成功素质教育，方能使成功素质成为现代社会人人必备的重要素养。

成功素质教育作为一种先进的教育理念，要深入人心，方可成为人们践行的坚定理念。成功素质教育要真正发挥出更大效应，就必须由理性层面进入实践层面，建构为切实可行的实施模式。这些都需要作更深入的探讨和研究。

成功素质教育的理论基础

成功素质教育作为高等教育的一场深刻的变革，是系统的、整体的、实质的变革。深入研究和探讨其理论基础对于深化教育改革，实施成功素质教育具有重大意义，同时，也为成功素质的心理构成的形成提供了强有力的理论依据。

（1）斯腾伯格成功智力理论

美国心理学家斯腾伯格从一个崭新的视角提出了一套智力理论，即成功智力理论。斯腾伯格认为成功智力包括分析性智力、创造性智力和实践性智力三个方面，而创造性智力是成功智力中极为重要的方面。分析性智力是一种分析和评价各种思想、解决问题和制定决策的能力，以发现对一个问题的有效解决办法。

创造性智力是一种能超越已知给定的内容，产生新异、前沿思想的能力，它可以帮助我们一开始就形成好的课题和想法。实践性

智力是一种可在日常生活中将思想及其分析的结果以一种行之有效的方法来加以使用的能力。斯腾伯格认为，在学业上的分析性智力随着年龄的增长而下降的同时，实践性智力反而会随着年龄的增长而增长。只有在分析性智力、创造性智力和实践性智力三方面协调互动、平衡发展时，才能最有效地发挥成功智力的效能。

（2）成功者人格心理学理论

人格是反映个体多方面特质的总和，是由诸多活跃的心理倾向和稳定心理特征所构成的体现个人品格的独特反应系统。人格对成功者目标和行为具有重大的主导作用和推动价值。它是影响创造活动产生、维持和深入的重要动力系统，是导致创造过程智力、勇力、魄力和毅力的"力量之源"。人格是成才、成功的基石。

人格与成功之间存在着十分密切的关系，任何成功者都具有独特的人格特征。心理学家对成功者进行了人格心理分析。如美国心理学家艾曼贝尔的《成功者社会心理学》，卡耐基的《成功之道》等，都对成功者的人格特征作了深入的剖析和概括。许多学者在研究中发现：有创造成就者与无创造成就者之间的差异主要不在于能力，而在于人格特点。

创造性人才都具有非常积极的个性倾向性等人格特征，如态度积极、进取心强、不畏艰难等。培养创造性人格应该包括形成和发展人格结构中那些积极的、有利于创造才能发挥的因素，同时也要注意克服和消除那些妨碍创造才能发挥的消极因素。

人格是构成成功者素质的动力系统，由三大要素组成：内驱力、情动力、意志力。它具有始动、维持、调节、定向等多种功能，它能使人与成功相关的全部心理活动都处于积极状态，将人的创造能量有效地转化为创造行为。

（3）塞利格曼的积极心理学理论

美国前任心理学会主席、宾西法尼亚大学教授塞利格曼倡导要研究积极的心理学，帮助人们过更快乐、更健康、更富有成就的生活。他首次提出"积极心理学"的概念，并使它得以迅速推广和发展，在本世纪初掀起了一场轰轰烈烈的积极心理学的运动。

马丁·塞利格曼认为，心理科学的使命之一即鉴别并培养具有天赋的人，并指出积极心理学更加注重研究人性中的积极方面，研究人的优点与价值，挖掘人的潜力与创造力，激发人的活力，帮助人们树立自信心，寻求和掌握获得美好幸福生活的方法与途径。

培养和塑造健全人格，是积极心理学研究的重要目标之一。乐观积极的态度不仅使他们免于抑郁，还能增进健康，促进事业成功。所以，人们都把乐观称为"成功人生的第三个要素"。

（4）情绪管理心理学理论

美国心理学家丹尼尔·戈尔曼出版了《情绪智商》一书后，"情绪智力"这一概念成为世界各国心理学界、教育学界的人士广为流传和讨论的话题，引起了极大的轰动。其理论认为：情商是一种内涵，是学生获得成功人生的重要因素。情商可以在漫长的人生道路中得到培养和造就，可以通过后天的努力不断的得以提高。而正确的教育和引导起着十分关键的作用。

情商有助于学生正确择业，是学生适应社会生存、竞争、发展不可缺少的心理素质。戈尔曼还强调情绪智力和智力是两种不同的概念，但是两者并不对立，具有一定的关联性，是人的智力的两个侧面。只有两者有机结合、协调发展，才能使一个人的潜能得到最大的发挥。

（5）多元智力理论

美国心理学家、哈佛大学教授加德纳在其名著《多元智能》中提出：人类的智能有多种表现领域，绝不仅仅限于认知。智力的内

涵是多元的，是由7种相对独立的智力成分所构成即言语智力、社交智力、自知智力等。加德纳的智力多元说扩充了人们对成功"智力内涵"的理解，尤其是他划分的一些与人的成功息息相关的某些智力成分，如社交智力、自知智力、自控智力，不仅使人视野开阔而且对当代人的成功素质的全面开发与培育，提供了极其重要的途径取向与方法指导。

成功素质的心理构成

当前从应试教育向素质教育转轨之际，对于成功素质教育理念的贯彻关键在于重视学生非智力因素的培养，尤其是心理素质的建塑与培育。因此，对成功素质的心理构成的分析，有利于更好地倡行成功素质教育，也有利于成功素质教育实施方略的提出和完善。

（1）成功智力

成功智力是由分析性智力、创造性智力与实践性智力三方面组成的有机整体。分析性智力在于发现好的解决办法，创造性智力在于找对问题，帮助我们一开始就形成好的问题和思想，实践性智力在于解决实际工作中的问题，将思想及分析的结果以一种行之有效的方法来加以使用。无疑成功智力是有助于取得成功的智力。或者说，只要一个人具备了成功智力，就具有了取得成功的基础。

（2）积极心态

一个人成功的首要标志在于是否具有积极的心态。因为一个人在遇到压力、挫折、失败和突发事件时的心理承受能力非常重要。大多白手起家的成功者都有一个共同的特点：具有积极的心态。他们运用积极的心态去支配自己的人生，用乐观的精神去面对一切可能出现的困难和险阻，从而不断的走向成功。积极的心态就是一种进取心，能驱使一个人主动去做应该做的事情。

（3）创新素养

成才、成功都离不开创业，创业又必须以创新能力为基础。当今大学生除了获取知识，更重要就是培养和发展自己的创新能力。爱因斯坦说：想象力比知识更重要，因为知识是有限的，而想象力概括着世界上的一切，推动着进步，并且是知识进化的源泉。大学生的成功素质应更注重创新品格的培养，如创新欲望、创造信念以及创造精神等方面的全面培育，为养成卓越而又扎实的成功心理素质奠定良好基础。

（4）人格品质

一个人成功、成才与否，除外部因素外，主要是与个体的素质，尤其是与人格素质的培养密切相关。成功素质教育正是侧重于健康心理、健全心智、完整人格的塑造。不少成功者就是抓住了稍纵即逝的机会，全力出击而一举开拓的。当然，这种自信与勇气来自于实力，或者说对个人能力、情境条件的合理把握和准确评估。对此，成功者们如是说"要从小事做起，不断积累，认真做事，用心做事"。

（5）情绪管理

现代心理学的研究成果表明，在决定一个人成功的要素之中，智商只起到大约20%的作用，而80%的因素则是情商。无数事实证明：较好的情绪控制与管理，是一个人成败的决定性条件。一个成功的人，应该能妥善管理自己的情绪，而不是成为它的奴隶，既不会因沮丧或者焦虑而意志消沉，也不会因愤怒而丧失理智。情商可以说是一种中介能力，决定了我们怎样才能更充分的发挥我们所拥有的各种能力，包括我们的天赋智力，它的最大效用就是把人的智力放大，让我们更接近成功。

成功素质教育的实施方略

我国教育家陶行知曾言，你的教鞭下有瓦特，你的冷眼里有牛顿，你的讥笑中有爱迪生。可见，正确的教育方略对于培养成功人才是十分重要的。在阐述了影响成功心理素质的各种因素后，我们分析总结出来一些科学有效的成功素质教育的实施方略：

（1）尊重教育

我们说尊重是有层次的，但怎么去尊重，就只有一个出发点：就是爱。爱是责任，也是尊重。要尊重学生的生命成熟与智慧发展，尊重学生发展潜力和现实可能性，尤其重要的是尊重学生人格。我们尝试成功教育，让成功、快乐、和谐、希望成为教育的主旋律。确立这一基本的理念之后，我们在实施尊重教育时需要注意如下几点：

首先，尊重学生的人格。老师尊重学生，首先要尊重学生的人格。俗话说：金无足赤，人无完人。教师应当认识到自己也有缺点，应时刻提醒自己在思想认识、教育方法等各方面还不够完善，要心平气和地对待学生提出的不同意见。尊重学生的意见，是尊重学生人格的重要表现。同时，批评学生的错误，也要以尊重学生的人格为前提。尊重学生的人格，是师德的基本要求。

其次，尊重学生的感情。青年学生往往把感情看得很重，如果有意无意中伤害了他们的感情，就会刺伤他们的心，对其成长是很不利的。学生特别喜欢尊重他们感情的老师，无论是在生活上还是在学习上，老师尊重学生的感情，往往会使学生的感情得以升华，从而变成向上的力量。

再次，尊重学生的自尊心。苏霍姆林斯基提出过一个著名的口号，让每个学生都抬起头来走路。这个口号形象地说明必须尊重学生的自尊心。任何一个学生都有一颗向往美好事物的心灵，都有成为好学生的愿望。作为一名教师，应十分注意尊重同学的自尊心，积极发现他们身上的优点，并加以肯定，这样才有利于学生进步。

（2）理解教育

一个成功的教师应设身处地为学生着想，理解学生的言行，珍惜学生的奇思妙想，宽容学生的失误和过错，耐心地对待学生千百次的发问，细心地呵护学生的每一点成绩和进步，善待处于弱势的学生，让每个学生都能获得成功的机会，体验到生命成长的快乐。在实施理解教育的时候应注意如下几个方面的问题：

首先，让学生生活在理解和爱的世界。心理学研究表明，每个青少年都有对爱的需要，在家需要父母长辈的爱，在校需要老师同学的爱。然而，更使学生关注的是学校教师的爱。教师对学生的爱，使学生从心底里感到老师对自己的关怀，乐意接受老师的教导，愿意改正身上的缺点，积极上进。这样，教师的爱作为一种外部的情感因素，就转化为学生自身的道德动机，转化为推动自己不断进步的内部动力。

其次，理解教育与真情实感相融合。对学生的理解要感情真挚，不能虚情假意，否则让学生觉察到了就会适得其反，会让学生产生上当受骗的感觉。对心存误解或偏见的学生，要特别注意表达感情的时间和方式。而且要能换位理解，将心比心，对学生的体验要感同身受，在此基础上使用适当的教学策略才能收到事半功倍的效果。

再次，理解教育与促进优势学生发展相结合。古人云"德行，内外之称。在心为德，施之为行"。理解作为内心之德，总是以意识的形式存在，成为调节人们行为规范的内在力量。作为外在之行，理解意味着对他人的言行保持一种大度和宽容，或必要的"一致性"。教育者自觉深入理解教育对象，要多发现他们的优势、潜能，并尽力给予激励，使其弘扬光大。

（3）赏识教育

赏识教育法是一种新的教育方法和教育体系，是建立在"人人

都是可造之才"和"爱的需要是人的第一需要"的现代教育理论和心理学理论基础之上的一种教育模式。

美国心理学家威廉·詹姆斯指出,人性最深刻的原则就是希望别人对自己赏识。所谓赏识就是恰当地肯定学生的进步与成就,通过心理暗示,不断培养学生的自尊心和自信心,从而使其不仅有勇于进取的信心,也能有不断进取的动力。让被教育者在"我能行","我是好学生"的感觉中,走向社会,走向成功。教师和家长在教育过程中应该做到以下几点:

首先,赏识学生与众不同的思维。苏霍姆林斯基说过:学校的学习不是毫无热情地把知识从一个头脑装到另一个头脑中去,而是师生间每时每刻都在进行着心灵的接触。因此,教师应走进学生的生活和情感世界,欣赏学生眼中的世界,去理解学生与众不同的思维。这样不仅启发了学生的思维,而且还能保护好学生后续学习的动力。

其次,赏识学生的点滴进步。在学生身上,存在着不可估量的潜在能力,教师的"赏识"很容易给学生在精神上的滋润,使他们产生自信,拥有积极争取成功的心态。成功的实质是不怕失败。学生一旦有进步,得到老师及时又饱满热情的评价,哪怕一个期待的眼神,都会让他们感到无限温暖,留下深刻的印象。一旦意识到自己被重视、被赏识,便会立即点燃希望之火,其本能的表现则是积极的配合。

(4)激励教育

教育激励,就是教育工作者激发学生的动机,调动其积极性和创造性,使其朝着所期望的目标努力前进的过程。激励教育的目的,是激发学生努力学习,积极上进。因此,在运用激励教育要注意目标激励情感激励和信任激励。

目标激励就是用结果吸引、去激励学生努力实现某目标。激励者确立的目标要因人而异，不能太高，也不能太远，要是切实可行的。目标激励方式有信仰目标激励和道德目标激励。当代大学生都是经过高等教育的人才，有自己的理想、人生目标和价值观，因此对于大学生来说，信仰激励是行之有效的，同时应根据学生不同的年龄、学段等提出不同的道德目标，激励学生为之而努力。

2. 信任激励模式信任激励就是教师用自己的信任、鼓励、关怀等情感对学生进行激励。这是对高层次需求的满足。教师信任学生，对学生是极大的鼓舞和鞭策。对学生的信任体现师生的平等，让学生的主体性得到充分发挥，使学生增强责任感、使命感等，严格要求自己，努力把各项工作和学习搞好。尤其是对一般学生和较落后的学生，要寻找他们身上的闪光点，及时鼓励。要让学生在赞扬声中健康成长，在鼓励之中不断前进。

（5）创新素养教育

人的成功素质是一个复杂的多维结构，既有智能的因素，也含有非智能的因素，其中创新素养起着核心的作用。对创新精神、创新能力，尤其是对创新人格的培育是实施成功素质教育的重点内容。因此，要大力加强对学生创造欲望、创造动机、创造信念以及创造人格、创造精神等系列创新素养的全面培养和教育。

首先，培养学生善于从多角度观察问题、发现问题、解决问题的思考方法。创新素养教育是一个综合施教的过程，学校要将创新素养教育渗透到各类教育活动中去。要教育学生善于从各个侧面、多维度地去观察、分析、发现和解决问题。要从教育指导思想、教学内容和方法实行全面改革。在教学内容上应多充实一些要求学生多维度观察、多向度思考的课题和材料；在教学方法上多组织一些"一题多解"、"一问多答"的研讨和探索活动，以利于学生多角度

观察、发现和解决问题，从而促进其创造性思维的培养与提高。

其次，指导学生掌握创造性思维模式，习惯于用之去解决现实问题。创造性思维模式是创新活动中惯常使用的心理和行为活动方式，如用公式来表示，则为"集中思维、发散思维、再集中思维、再发散思维"，如此循环往复，就能推动创造性活动不断深入。教师应授予学生使用这一模式解决问题的一般方法，并经常指导学生应用这一模式开展活动，要求学生无论解决什么问题决不可忽视和漏掉"发散"这一重要环节，遇事"发散"一番，形成习惯，养成"定势"，长此以往，创造性思维的能力等创新素养就能得到不断的锻炼与提高。

再次，创设心理自由的环境，引发学生大胆开展创造活动。创造性活动往往需要在一定的环境烘托下产生。在心理自由、充分安全的环境衬托下，学生能产生出许多具有非凡性、独创性、奇特性的见解来。因此，学校和教师要注重创设有利于激发和培养学生创造素质的环境，要改善教育态度，改进教育方法，主动消除妨碍、束缚学生创造性的各种抑制因素。有了心理充分自由、充分安全的良好环境，学生的大脑皮层就容易进入兴奋、活跃状态，思维就容易主动、振奋起来，大胆地产生各种遐想和联想，其创造性活动就会成为习惯化的反应方式，这将会大大有利于学生创新素养的不断发展与提高。

5. 学校成功素质的教育导向

尽管不同的人对于成功的看法存在巨大的差异，但对于成功的追求成为职场人士为之奋斗的目标。职业教育是处于学校教育与职业生涯的关键阶段，是"准职业人"阶段，因此，在职业教育中，必须始终关注成功素质的培养，成功素质是指为达到目标而必备的素质。成功素质大体可以分为两大类：优势素质与平衡素质。

所谓优势素质是指与预设目标所要求的素质最为接近的素质，包括心理素质、性格、知识、技能等。平衡素质是指为促进优势素质的形成、转化、发挥而必备的素质。成功教育的思想最初是针对薄弱学校学习困难的学生而实施的一项教育改革。"旨在使学习困难学生获得诸方面成功的一种教育。"

成功素质教育是一种以促进人的成功为最终目的，在高等教育阶段，实行专业素质教育与非专业素质教育有机结合，有计划、有重点地塑造学生的成功素质，确保学生学业成功与就业成功，并为其今后的创业成功和事业成功奠定素质基础的教育理念，以及在这一理念的主导下所创立和形成的教育思想观念与人才培养模式。成功教育是指通过教育的引导，使得教育者和受教育者双方在某些方面达到协调，教育者通过发现受教育者的个体特性，恰当帮助其进行目标定位，并在内部启发其思维，在外部恰当改变个体环境，影响其优势素质与平衡素质的质与量、结构与体系，最终形成个体特有的成功素质，从而最终有助受教育者在职业生涯中达到预设的目标。

成功素质对于职业院校学生培养的意义

（1）成功素质是职业院校立校之基

职业教育最主要的特征是"职业性"，是职业教育生存和发展的基础。教育部《关于全面提高高等职业教育教学质量的若干意见》文件中明确指出"高等职业教育作为高等教育发展中的一个类型，肩负着培养面向生产、建设、服务和管理第一线需要的高技能人才的使命"。随着国际产业的转移与国内制造的崛起，社会对于第一线高技能人才的需求越来越多。现实情况是，职业院校的学生普遍对于学习兴趣不高，学习动力不足，即存在"习得性无助"。传统的课堂"灌输"教学模式不适合于职业院校的学生。必须借助"成功教育"的理念，帮助学生开发其学习动力系统，提高其学习的积极性。另外，职业院校的管理能否适应时代的要求，其培养的学生是否能胜任岗位的需求，直接关系到职业院校的社会声誉与竞争优势。职业院校的优势素质就在于其职业性，目标导向性十分清晰，这就是职业院校推行"订单式"人才培养的关键所在。

（2）成功素质是职业院校学生竞争力的源泉

与本科院校相比，职业院校学生的优势就在于其特有的职业性，职业技术教育的核心是培养和增强学生分析和解决实际问题能力。这类人才既不同于学术型人才，也不同于工程型人才，其主要是在生产一线能将设计、规划和决策物化为工艺流程管理、实体产品形成或方案实施的技术骨干。学生"毕业即顶岗，毕业即就业"是高职教育的根本任务。因此，高职教育必须牢固树立以职业能力培养为本位的教育思想，并切实贯穿于教育、教学的全过程。因而，职业院校学生的成功素质中的优势素质主要指他们对于职业、岗位的熟练性，动手能力强，惟其如此，职业院校在激烈的就业市场中才具有一定的竞争优势。

（3）成功素质是职业院校学生素质教育发展的方向

职业教育的专业多元化，比普通教育更适合促进学生的个性发展，因为多数学生都能找到自己较感兴趣的专业来发展自己。成功教育理论能引导学生进行恰当的目标定位，运用恰当的方法帮助学生发展自我教育能力、自主学习能力，进行良好的社会适应。另外，成功教育不单纯是技能培养，学生综合素质的提高更离不开它。

学生的职业道德、价值观、人生观等，在很大程度上会影响到

其职业生涯的成败，甚至人生的成败。《中共中央国务院关于进一步加强和改进大学生思想政治教育的意见》指出"把社会主义核心价值体系融入到高等职业教育人才培养的全过程，要高度重视学生的职业道德教育和法制教育，重视培养学生的诚信品质、敬业精神和责任意识，培养出一批高素质的技能型人才"，由此可见，成功教育是"以人为本"这一现代教育理念的生动体现，既包含专业技能，又包含价值观、心理健康等，真正做到优势素质与平衡素质的协调发展，从而进一步体现出素质教育的全面性和可操作性，是符合职业院校学生素质教育要求的，具有较强的推广价值。

当前职业院校素质教育中存在的若干问题

（1）价值取向上过于强调优势素质，忽视平衡素质

过于强调优势素价值取向，在教育过程中过分强调专业知识及专业技能的重要性。这种倾向在实践中主要体现在以下几个方面：在人才培养目标上，过于教育的工具性意义，通过教育使得人成为岗位的附属品，而无视或忽视学生的身心全面发展和可持续发展，使得教育丧失其特有的价值传导意义；在课程设置方面，专业课程优先设置，而利于职业素养、人文素质养成的课程地位下降等。这种价值取向极易使高职教育变为"职业培训"，从而削弱高职教育人才培养活动的人本价值。教育的终极目的是对于人的素质的全面提升，而不是将人"物化"为工具。

成功教育的目的在于社会发展和个体发展的辩证统一，个体通过自身的主观能动作用于外部社会，过于强调优势素质容易使得人成为"工具"，从而在社会中自我迷失，只知道如何工作，不知道为何工作，工作的价值与意义，最终引发价值观的困惑，职业生涯必然受挫。

（2）教学内容和模式的不规范化

在高职教学内容和模式中，存在着比较明显的错误：一种是重理论教学，轻视实训。表现在高职教学内容上注重理论体系的完整，照搬用普通高校的教材，体现不出高职的特色，理论教学时间较长，理论教学与实践教学脱节。在培养模式上，教学从理论学起，在理论教学过后或中间，进行实训，落脚点仍然在于理论的完善性；另一种倾向是强调动手能力，理论教学以够用为度这种倾向十分重视实训环节，部分院校干脆在校内开设所谓"校内工厂"，学生大部分时间是在工厂跟着师傅学艺，并认为自己真正做到了"工学结合"，而理论教学则比较薄弱，以够用为旨，高职教育的特色只把握"职业性"，忽视其"高等性教育"特色，忽视人的成长的全面性和和谐性。

（3）学生的岗位适应性较弱

职业教育技术技能性，是由培养目标所决定的。职业教育培养的毕业生主要是直接进入劳动力市场。尽管随着终身学习体系和教育"立交桥"的建立，职业教育将不再也不应该是"断层"的教育，职业学校的学生可以继续升入到高一级学校深造，但直接升学的这部分学生毕竟还是少数。因此，只有让职业教育的毕业生掌握专业技术和熟练的技能，才能胜任就业岗位需要。这才能真正体现职业教育的"实用性"本质要求。造成这种局面的原因是多方面的，但主要有以下几点：学校缺少与专业相配套的技能培训基地，缺少相应的训练经费，没有与技能训练相配套的指导教师队伍。

强化职业院校成功素质培养的措施

（1）强化学生人生生涯规划

成功教育理论强调通过启动学生的内在动力系统，促使学生的自我学习和塑造。职业院校学生必须在教师的帮助下，结合自身实际，做好人生生涯规划。成功素质教育要求每个学生进行自我生涯

设计两种，学生的自我生涯设计包括可以分为学业生涯设计和职业生涯设计两种。学业生涯设计包括个人理想、总目标、年度目标以及学期目标等。职业生涯规划主要包括职业目标、成功目标以及职业发展计划等。学校在对学生人生规划的前提下，针对性地进行班级的、学科的安排。从而使得学生的自我发展与学校的统筹发展有机结合起来。教师应尊重学生的人格，关注个体差异，……使每个学生都能得到充分的发展。"学生在教师指导下主动地、有个性的学习。"这样，才能提升学生的成功素质。

（2）转变师生关系

"成功教育"需要我们从外压式教育转变为内调式的教育，通过一定的方式、方法，启发其内在的欲望，借助一定的外部因素将欲望转化为动力。因而，要尊重学生的人格、个性，关心、爱护、保护学生，维护学生的合法权益，与学生建立新型的融洽的人际关系。老师根据学生的兴趣、爱好、潜质等，帮助学生纠正设计偏差，教师的角色从"管"变为"导"，真正成为学生思想、学业、行为、心理和方法上的"导师"。

（3）改革教学模式和方法

改革教学模式和方法，紧密联系市场，促进学生成功素质的发展。高职教育是一种职业特征鲜明的高层次职业技术教育类型，是直接为地方或行业经济发展服务的。高职教育应该因势利导，发挥自己市场导向性优势，及时地、有针对性地根据市场需求的和趋势，为社会培养适需人才。学校对学生的职业技能的培养目标，要明确具体，务实、可行，宁少而精，不能大而空。职业院校学生的入学成绩一般低于普通本科院校，而它的成功教育理念则强调"低起点、小步子、多活动、快反馈"的教学原则，恰恰符合职业院校的实际。在教学工作中学校要强调全面开展分层教学手段。在学校相关机构的具体指导下，各年级各学科制订分层教学目标，设计分层教学方法，开展分层课外活动辅导，通过分层次的教学管理模式，将学生的素质有计划、按步骤地提升，防止教学进度与学生成功素质成长的脱节。

（4）提高人才培养质量的高度

提高人才培养质量，要建立一支"双师型"师资队伍。教学工作是学校的中心工作，教师是学校教学培养高质量人才的关键。由于高职教育与普通教育的培养目标不同，所以，在师资素质要求方面也不相同。职业院校师资队伍建设普遍存在的问题是"双师型"教师数量偏少，难以为学生动手实践能力的提高提供保障，并且教师追求高学历的热情远远高于提高业务能力。高职院校的教师特别是专业教师，必须具有培养高技能特色人才的理论知识，还必须具有指导实习、实训的执教能力，熟悉企业生产环境。高职教育的特点要求：以专业技术应用能力为主线设计教学体系的培养方案，贯彻"以市场为导向，以能力培养为中心"的教学原则，注重理论与实践的结合。

（5）注重平衡素质与优势素质协调发展

职业教育要注意培养学生的兴趣以及专业特长，从而形成一定的素质优势，但同时，也应该注意其平衡素质的培养。杜威认为，"如果职业教育承认职业的全部理智的和社会的意义，这种职业教育就要包括有关目前状况的历史背景的教学，包括科学的训练，给人以应付生产原料和生产机构的智慧和首创精神；包括学习经济学、公民和政治学，使未来的工人能接触当代的种种问题以及所提出的有意改进社会的各种方法。"现代职业环境的复杂性和易变性，对于学生的思维提出了更高的要求，学生未来的职业发展，一方面取决于自身的优势素质，即他的技术性知识，另一方面，也与他的平衡

素质有较强的相关性，如人际关系的处理、价值观的处理等。因此，学校必须在重视优势素质的同时，加强其平衡素质的发展，为其职业生涯的健康发展奠定坚实的基础。在重视技术课、专业课的同时，合理安排基础课、选修课，促进其素质的完善。

6. 教师在推进成功素质教育中的作用

思想政治教育工作队伍是加强和改进大学生思想政治教育工作的保证。如何建立一支骨干学生工作队伍，提高学生思想政治教育工作的实效性，是一直思考的问题。

素质导师的创建初衷

有的学生文化基础较差，缺乏自信心；有的学生的学习习惯不良，自控能力比较差；有些学生家庭条件优越，缺乏刻苦努力精神，理想信念模糊、诚信意识淡薄、社会责任感缺乏、心理素质欠佳等问题在学生中比较突出。他们的思想观念比较开放，具有更强的选择性和独立性，参加社团活动的热情很高，有较强的表现欲望，愿意接触同学和教师，接触社会，可塑性非常大。

素质导师的职业定位

为了保证建立一支综合素质优良的素质导师队伍，我们认为：应该把素质队伍建设摆在教师队伍建设同等重要地位，采取优惠政策，吸引优秀人才。

首先，明确素质导师属于教师系列，是师资队伍的重要组成部分，与专业教育一道共同承担育人职责。专业教师侧重于第一课堂，着重培养学生的专业科学文化素质。素质导师侧重于第二课堂和课后，着重培养学生的非专业素质。这样，从制度上保证素质导师在

学校的地位与教师处于同等地位，避免了过去辅导员感到低人一等，没有前途而不安心工作的现象，有利于充分调动素质导师的积极性。

其次，积极推进素质导师、专业化和职业化。"专职化"即明确素质导师的岗位职责，专职从事学生工作。其岗位职责主要包括：开展思想政治教育，引导学生树立正确的世界观、人生观、价值观；承担班级"思品"课和就业指导课的教学任务；组织指导各项班级活动；负责学生的日常管理和服务；组织第二课堂和非专业素质拓展，把它列入教学计划，安排课时，计算素质学分。现已开设包括提高学生思想观念，道德情操，方法能力，心理品质等多门素质的课程。这些课程由素质导师负责组织实施并对学生成绩进行测评。同时，要求素质导师必须每周住校不少于5天，全部住进学生公寓，学校免费为他们提供了的居住生活条件。"专业化"即具体工作分工时，尽量考虑素质导师本人所学专业与所负责的学生班专业对口，有利于素质导师长期从事这项，工作把学生思想政治教育及非专业素质培养作为一门科学，深入研究，不断实践，逐步深化，以成为这个方面的专家。

为了鼓励素质导师努力完成本职工作，推进专职化，专业化和职业化，制订了相应的内部管理制度，为素质导师设计了一个广阔的发展空间，同时体现竞争激励机制。素质导师分为初级、中级、高级和特级，每级分为四档，共四级十六档。一般情况下，经年度考核，完成工作任务，达到责任目标，每年晋档，四年晋级。成绩优秀，表现突出的素质导师可以提前晋级。不能完成工作任务，表现不好的素质导师不予晋档或淘汰。

此外，还按思想政治教育职称系列的要求，给素质导师评定专业技术职称，鼓励他们结合实际工作研究问题，提高理论水平和实际工作能力。

素质导师的队伍建设

为加强素质导师队伍建设，制订了一系列的规章制度，主要包括准入、培训、考核三个方面。

首先是严把入口关，规定素质导师必须具有普通本科以上学历，所学专业与开办的专业对口，学习成绩优秀，综合素质好。

其次是系统的培训。通过培训使素质导师了解党和国家有关学生工作的要求，熟悉的办学理念和培养模式，掌握开展学生工作的基本方法和要求，为他们履行岗位职责打好基础。以成功素质教育理念为核心的基本观念，以爱岗敬业为要求的基本品格，以教育学、心理学、管理学为主的基本知识，以班级管理活动为主线的基本技能。

7. 学校引导学生走向成功的教育方法

成功教育是针对学习困难学生实施的一种教育，是以帮助学生获得诸方面成功为价值导向的教育过程和活动。教育必须成功，这是因为教育活动是在教师有意识地按照学生实际情况而人为创设的情境下进行的，这情境自然也包括充分估计学生可能遇到的困难以及相应采取的对策。所以，在此情境下的教育活动，理应使每个学生获得成功。成功教育以承认学习困难学生存在潜能为前提，是旨在使学习困难学生获得诸方面成功的一种教育。

学习困难学生往往在心理方面存在这样或者那样的问题，如果教育方式不适当，会对学生的成长带来负面的影响。因此，在日常的教育教学工作中，要了解这些特殊的学生的心理特点，充分尊重和爱护学生，并且采取有效的方式，积极的态度，力争使每一个学生健康成长。

学生心理健康状况

相关科学研究表明，一个人的成功和发展，20%靠记忆力、观察力、想象力、思维力等"智力因素"，80%靠"非智力因素"，包括道德水平和心理健康水平。各种"非智力因素"尤其是是否具有良好的心理素质，对于一个人能否取得成功和一生的发展的起着决定性作用，这是现代社会的一大特征。

现代社会关于"健康"的概念早已超越了传统的医学观点，不仅包括身体的健康，更为重要的是精神、心理健康。1989年联合国世界卫生组织对健康作了新的定义，即"健康不仅是没有疾病，而且包括躯体健康、心理健康、社会适应良好和道德健康"。

在世界卫生组织对健康的定义细则中，明确表述了心理健康的表现：有足够充沛的精力，能从容不迫地应付日常生活和工作的压力而不感到过分紧张。处事乐观，态度积极，乐于承担责任，事无巨细不挑剔。善于休息，睡眠良好。应变能力强，能适应外界环境的各种变化。对心理健康的标准，国外学者近年来又有若干新的提法，主要有：对心理健康的评估指标和心理健康的标准。心理健康的评估指标和心理健康的标准又包括：知能力、适应能力、耐受能力、控制能力、注意能力、社交能力、复原能力、智力正常、能主动地适应环境、热爱人生、情绪稳定、意志健全、行为协调、人际关系适应、反应适度、心理年龄与生理年龄一致，能面向未来。

随着社会竞争日渐激烈，人们在生理和心理上承受的压力不断加重，特别是心理承受能力正在经受着严峻的考验。在校学生在这样的社会大环境下生存，同样存在着心理健康方面的问题。在学校教育和家庭教育中，由于多方面原因，仍然将学生的学习成绩作为衡量一个学生的全部标准，从而忽视了学生全面、健康发展。学生

需要面对不断增加的升学压力，在学校要面对同学之间成绩比较的压力；回到家里，孩子的成绩往往是孩子和父母之间的主要话题，这使得一些学生，特别是有学习困难的学生心理脆弱，心理压抑得不到一定的宣泄从而产生各种各样的心理问题，比如沉默寡言、情绪不稳定、消极、厌学，丧失信心，对老师和家长缺乏信任等等，有一些学生还因此染上不良的行为习惯。

同时，由于学校和家庭忽视了对学生全面发展的培养和引导，而是只关注学生的学习成绩，对学生心理发展的判断出现偏差。例如认为"好学生"不可能有心理问题，"差学生"没有任何好习惯、好品质，这样往往会错过许多教育的最佳时机。

伴随着学生心理问题的出现，一些社会问题也随之显现，如一些学生的暴力伤害事件，学生沉迷网络等。因此，学校作为教育的主阵地，必须重视学生的心理健康问题，让每一个学生都能体验到自身的价值和成功的喜悦。

让每一个学生尝试成功

成功教育是针对学习困难学生实施的一种教育，是以帮助学生获得诸方面成功为价值导向的教育过程和活动。以往教师大都认为教育可以是成功的，也可能是失败的，这自然主要依据学生的成绩。一个成绩优秀的学生，人们大都认为对他的教育是成功的，他是一个成功的人才；而一个学习困难的学生，由于多种原因，没有获得理想的成绩，人们就会认为对他的教育是不成功的，他是个失败者。然而，教育在《西方教育辞典》中，却被定义为"成功地学习知识、能力、技能的过程。"教育必须成功，这是因为教育活动是在教师有意识地按照学生实际情况而人为创设的情境下进行的，这情境自然也包括充分估计学生可能遇到的困难以及相应采取的对策。所以，在此情境下的教育活动，理应使每个学生获得成功。

成功教育以承认学习困难学生存在潜能为前提，它的宗旨是让学习困难学生也能够获得诸方面成功。

（2）实施成功教育的原因及目的

每个学生都有成功的愿望。例如每个学生都渴望取得好成绩，都希望受到老师和同伴的认可，都希望自己在各方面都比别人做的更好，并且不断超越自己。学习困难学生同样具有各方面成功的愿望，只是由于反复失败以及他人消极的评价，这种愿望暂时被压抑或通过其他途径流露出来。

学习困难学生不是不想获得成功，而是由于在学习过程中的反复失败，成功的愿望连续得不到满足，使他们的学习动机，学习积极性大大低于一般学生。所以，他们虽然有学业成功的愿望，却在主观上不愿采取积极行动去争取，甚至采取一些不良行为引起老师、家长和同学的注意，或者另辟渠道体验成功的乐趣。各方面调查显示，在网络成瘾的学生中，大多是有学习困难的学生。

教师不仅是知识的传授者，也肩负着促进学生人格健康发展的重任。作为教师，有责任激发学生成功的愿望，帮助他们获得成功。学习困难学生的发展尤其离不开教师的帮助。

如何实施成功教育

我国著名的教育家陶行知先生说过："真的教育是心心相印的活动，唯独从心里发出来的，才能打到心的深处。"

（1）成功的教育离不开良好的教育环境

平等、友好、和谐的学习环境是学生乐于接受教育的前提。有些教师习惯于将学习落后的学生概括为一个字："笨"。认为他们天生笨，毫无发展的可能，视其"异常"，甚至于"歧视"。班集体中也会有同学会不喜欢这些他们，甚至会歧视他们。其实，绝大部分学习困难的学生不仅与其他同学毫无差异，甚至还可能具备更多尚

未被发掘的潜能。"差生"和其他同学一样，其潜能有着多层面的内涵，不能仅以其暂时的一方面的缺陷来否定全部，况且，他们年龄小，可塑性强，大量的潜能正有待于积极地去挖掘。

其实，潜能的优势面各有侧重。比如有人以语言见长，显现出语言方面的天赋，有的动作技术超凡，有的习惯于形象思维，而有的抽象思维占优势。即使是同一方面的能力，各人的发展速度也是不尽相同的，不同阶段发展速度不等，因人而异。经过一个阶段的发展，即使各尽其能，每个人在这方面发展所能达到的层次也有所不同。如果一味地从某一方面要求学生，就会扼杀他其他方面的潜能。课堂教学是学校教育的最基本活动，但是绝不能将其看成是学校教育的唯一活动。使学生获得学业上的成功，绝不是学校教育的唯一目的。爱因斯坦曾说："人的差异产生在业余时间。"业余时间之所以具有如此魔力，是因为在业余时间选择参与的活动，有可能使人获得自由发展，充分发展。对于"差生"尤应如此。一味以分数衡量，只会使其对学习丧失信心。此时，发现他们的优势面，帮助他们扬长避短，给他们展示自己的舞台，使他们获得自信心，才有可能向更广阔的领域拓展，最终获得素质的全面提高。

所以，作为教育者，必须掌握一种乐观的学生观。教师应该把工作重点放在平时维持学生心理平和、积极、乐观上面，营造良好的心理健康成长环境。为孩子们建设好和谐平等的集体，尽量让每一个孩子能够在充满关爱、温暖、上进的学习环境之中，尽量避免出现对于孩子们成长不利因素。教师需要在班级营造一种气氛：不管同学学习如何，成绩如何，性格如何，家境如何，在这个班集体中，大家都是平等的，任何人歧视同学都是不对的，同学之间应该互相帮助互相关心，应该善于发现同学们的优点。那么，这些孩子就不会陷于一种不良环境之中，让孩子的心理问题消除在萌芽状态。

教育活动是双向的。教师尊重学生，才能赢得学生的尊敬；学生尊重老师，老师的教育活动才会卓有成效。

目前的中学生，随着知识的丰富、视野的不断拓宽，获取知识的方式越来越多样化，他们显得更"成熟"，自我意识、独立意识更强。这个时期的中学生尤其渴望得到别人，特别是老师和家长的理解和尊重。

学习困难学生学业成功的愿望虽然被压抑，但成功的愿望并没有消失，往往会转移到其他方面。然而在大多数的情况下，成功的愿望并不都能顺利实现。这时，他们往往以违反课堂纪律或做出各种极端的举动来吸引别人的注意，以满足被尊重的需要。或者沉迷于网络这个虚拟世界，寻找"成功"的机会，满足自己成功的愿望和被别人尊重的需要。

关心和帮助困难学生，特别是在其失败时多加鼓励，既是对学生人格的尊重，同时又是激发成功愿望的一种手段。青少年正处在自我意识的觉醒时期，在这个时期，别人对他的评价，会使其格外敏感。如：有的老师说："你真笨！"开始他可能会反驳。以后再说他笨，他就不反驳了，甚至也相信自己笨。再后来，他就逃避许多需要灵活行动的场合，不仅怕别人说他笨，而且深信自己是笨的。因此，教师对学生的态度往往是决定性的，这种态度往往还会影响到其他同学，甚至家长对孩子的评价。不要说故意的讽刺挖苦，哪怕是一句无意的话，也会使学生的自我概念发生变化，自然也不利于学生全面健康的发展。

（2）给学习困难学生搭建成功的平台

学习是学生的主要活动，但是"学习"成功与否绝不能仅仅依靠分数来衡量。我们既要看到学生学习的差异性，又要给每一个学生成功的机会。例如，教师可以在教学中采取分层次教学的方法，

使学习困难的学生也能感受到教师的关注，帮助他们树立信心；也可以通过形式多样的活动，让他们充分展示自己的特长，在其他领域中获得成功的感受。

总之，学生的成功应是多方面的，教师不能只关注"好学生"，只关注学生的学习成绩，不能用学习成绩代替学生成长中的所有问题。

现代的教育，关注的是培养学生健全的人格，目的是培养全面发展的人才。只有具有良好的心理素质，才能承担学习的压力，调整好自己的心理状态。教师需要承担起培养学生良好心理素质的责任，让学生在教师的引导下表现自己，并逐步依靠自己的力量去战胜困难，为学习困难的学生设置克服困难走向成功的舞台。

8. 用赏识教育促进学生走向成功

中国青少年研究中心赏识教育研究室主任周弘老师所倡导的赏识教育是指发现生命、享受生命的教育，是家长、老师在享受中教，孩子在欢乐中学的教育。如果在数学学习中，运用赏识教育理论，让学生从知道，理解到掌握运用，从学会到会学，使学生在数学课上体验到成功的乐趣，教学效率将会大有提高。

巧妙设疑，激发兴趣

学起于思，思源于疑。巧妙设疑创设问题情境，注意新问题必须与学生的旧知识有联系，使学生有可能去思考探索，但也有一部分是未知的，使学生认识到旧知识不够用，让学生处于"心求通而未通，口欲言而未能"的最佳心理状态，从而产生追求成功的积极性。

例如在教学"分数的初步认识"时，教师从学生已有的经验入手，提出问题："有一天，小明家来了两位同学，小明拿了苹果和柚子招待他们，可不巧的是柚子只有一个了。同学们，你们说这可怎么办呢？"学生们各抒己见，其中有位同学说："在小明家做客，小明可以不吃，把一个柚子分成相等的两块，每个同学吃一半就行了。"这个同学的办法行，那么每个同学吃了多少呢？许多同学回答说，每个同学吃了半个。教师接着又问，这半个用数字怎样来表示呢？这时学生个个蹙眉静思，无言以对。就此，提示课题：这节课，我们就学习一种新的计数方法：分数，它可以解决刚才的问题。这时，学生情绪高涨，产生了追求成功的强烈愿望，情不自禁地投入到新课的研究中去。

引导学生主动参与知识的探索

素质教育的一个重要特征就是在教学过程中，变教师为主体的讲解为学生为主体的主动参与认知，建立、建构新知的过程。数学课堂教学中，如果教师让学生动手操作、动脑思考、动口说话，那么学生就有可能在不知不觉中获得成功的体验。

例如，在教学中"除数是一位数，商是两位数"的计算方法时，教完例"42÷2"后，在学生初步掌握了笔算除法的运算顺序和书写格式后，把例1中的42写成52，变成例2，完全放手让学生试算例2。结果，有些同学做错了。此时，教师没有直接给予评价，而是请学生拿出52根小棒，平均分成2份，试试看该怎样分。学生通过动手操作，把5捆小棒平均分成2份，每份分得2捆，剩下的一捆拆开后和2根合在一起。12根小棒平均分成2份，每份是6根，共分得26根。操作完毕后，让学生汇报计算结果。错的同学认识到不能只凭自己的主观想法去解决问题。但有一点，由于学生直接参与了动手操作，他们对于得出的正确的结论比较清晰，而且体验到了一种成功的欢乐。做对的同学对问题也有较深刻的认识,有助于他们掌握正确的学习方法。

运用表扬激励手段

拿破仑·希尔在《成功学全书》中写到:"人的一切行为都是受到激励而产生的,通过不断地自我激励时,就会使你有一股内在的动力,朝向所期望的目标前进,最终达到成功的顶峰。"在数学课堂教学中,如果教师运用赏识教育理论,对学生进行激励性评价,那么学会会获得一种再接再励的内驱力。

课堂上教师向学生提出问题后,对于不太敢发言的学生,只要他愿意开口,即使只说一句话,并没有把题目的解法都说完,教师仍应给予适当的鼓励。这样,他由刚开始的一句话就会越说越多。例如,可以这样鼓励一位发言很小声的学生:"你刚才回答得不错,下次如果声音能更大一点就更棒了!"

在学习"笔算除法,商一位数"时出示例题"1160÷42"后,师问:像这样除数不接近整百数的笔算除法该怎样试商呢?要求学生分小组讨论后回答,回答对一种方法,就发给一枚奖章。同学们踊跃发言,分别回答出了以下四种解法:把142看作100试商;把142看作140来试商,7个140是980,8个140是1120,商8合适;把142看作150来试商,7个150是1050,试商7,1160减去7和142的积余166,商小了,改商8;把142看作140试商,先想10个140是1400,再从1400里减去个140,所得的差最接近1160,商8合适。

在减轻学生负担,提高课堂教学效率的前提下,我们每个数学教师要创设良好的教学氛围,引导学生主动参与认知活动,合理评价学生的学习成果,这样才能培养一个个成功者,一个个充满自信的人。

9. 创造成功条件激励学生走向成功

数学是一门重要的基础学科，新课程改革数学课堂教学，从学生实际出发，在充分发挥学生的主体作用中，让学生成为学习的主人。目的是要倡导学生主动参与、乐于探究、勤于动手，培养学生收集和处理信息的能力，获取新知识的能力。为使学生达到以上目标，我从激发学生的成功欲望入手，使学生变被动学习为主动学习，从而更有信心地投入学习，学习成绩得到很大的提高。

激励学生追求成功

要让学生知道，做任何事情，只要你努力去做，不怕困难挫折，就会有成功的希望。因此，在教学过程中，要努力创造条件，使他们获得成功，让他们怀有成功感。

因为在学习过程中，学生的学习各有所长，有的善于提问，有的善于计算，有的善于推理，有的善于动手，所以教师要因势引导，通过恰当的时机、途径和场合，让学生的特长得以充分展示。使学生能体验到学习成功的喜悦，产生成就感，再把成功的喜悦化作学习的动力，增强学习的自信心。例如：在上课时，有时让学生展示动手拼图；有时让学生展示他们简捷灵活的思维过程；有时让学生抢答；这些成功的展示，会使学生产生成功感，满足学生心理发展的需要。

学生正是在满足不断发展的需要的过程中，逐步获得自身发展的。学生一旦获得成功的乐趣，自然会产生更大更多的欲望，从而树立了"自我形象"，鼓起信心。因此，教师要尊重学生的这种心理特点，根据不同学生的实际，创设适度紧张的气氛，设计难易适度

的练习，举行小型的竞赛，尽量给每位学生创造成功的机会，展示自己的潜能。

诱发学生积极思考

学习的兴趣和求知欲是学生能否积极思维的动力。要激发学生学习数学的兴趣和求知欲，行之有效的方法是创设合适的问题情境。在数学问题情境中，新的需要与学生原有的数学水平之间存在着认识冲突，这种冲突能诱发学生数学思维的积极性。

如教学有理数的大小比较时，创设这样的问题：-3 和 $+3$ 的大小比较，"$+2$"说：天气温度 2 摄氏度比零下 3 摄氏度高，所以 $+2$ 大于 -3。"-3"说：向东走 2 米为 $+2$，则向西走 3 米为 -3，3 米比 2 米大，所以 -3 大于 $+2$。这两种说法谁正确呢？问题一提出来，学生开始议论开了，纷纷发表自己的看法，从而课堂气氛活跃起来，每个人都参与到学习中来，每人都想能正确地答出问题，成功的欲望被激发了。

允许学生出错

不允许学生出错，过于强调"正确性"的教育观念，会使学生在片面追求正确性的同时，也丧失了探索的欲望。因为许多的探索都是没有把握的，"不做无把握的事"会使学生不敢去创新。所以，教师应允许孩子出错，不要单用 100 分来衡量学生学习的好坏，要看学生是否具有敢于探索的勇气。

有时学生害怕出错，不敢回答问题；有时学生害怕出错，不敢质疑老师；有时学生害怕出错，失去创新的勇气。这时教师要鼓励学生大胆发言，大胆质疑，大胆创新，不要怕出错，甚至鼓励失败，"失败乃成功之母"。在不断的尝试中，激发成功的欲望；在不断的尝试中，找到成功。

创造成功的机会

心理学研究表明：兴趣的产生和保持有赖于成功。学生在数学学习中不断取得成功后会带来无比快乐和自豪的感觉，产生成就感，继而对数学产生亲切感，驱使他们向着第二次成功、第三次成功迈进，形成稳定的、持续的兴趣。所以教师必须从学生实际出发，设计和创设竞争和成功的机会，让不同层次的学生，按问题的坡度都能够"跳一跳，够得着"，进而增强学好数学的信心。

面向全体学生，注意因材施教，让"成功"走近每一位学生。在教学中，要坚持采用"低起点，多互动"的原则，精讲多练，尽可能做到每节课让每一个学生都能获得成功的喜悦。特别是不太善于表现自己的学生，教师要更多地关注，要让这一部分学生有展示自己的机会，使他们能体验成功。

分享学生的成功

教师要始终认为，学生的成功就是自己的成功，学生的快乐就是自己的快乐，学生成功之时就是自己成功之时，就会很高兴与学生共享成功。学生的成功是多层面、多方位、多角度的，有的学生答对一个题目，有的学生勇敢地举起了手，有的学生考试获得进步，有的学生考试得了一百分，有的学生竞赛获了奖，有的学生提出一个很好的意见，有的学生提出一个不同的见解，都认为这是学生的成功，向他们祝贺并与学生分享成功，分享快乐。反过来，学生因为老师的分享、因为老师的高兴，他更觉得这是他最大的成功，更能激起下一次的成功欲望。

每个人都渴望成功，教师如果能为学生创造成功的环境，让成功、快乐、和谐、希望成为教育的主旋律，让学生充满希望和梦想，充满成功的欲望，则学生离成功不远了。

第二章

学生成功素质教育与升级的故事推荐

1. 刘晏的故事

刘晏（715~780）。理财家。字子安。曹州南华（今山东菏泽西北）人。肃宗上元元年（公元760年）为户部侍部，充度支、铸钱、盐铁等使。代宗广德元年（763年）任吏部尚书、同平章事。不久罢相。仍领度支盐铁转运租庸使及东都、河南、江淮、山南等道转运租庸盐铁使等职。理财达20年。疏浚汴水，用分段转运方法，每年运江淮粮食数十万石。以解决关中食粮。整顿盐法。在离盐乡较远地区设置常平盐。缺盐时平价出售存盐又实行常平法。德宗即位后。被杨炎诬陷而死。

聪颖过人　有胆有识

刘晏出身于一般官僚家庭，祖父刘恭，做过新井县令，父亲刘知海，出任过武功县丞。刘晏从小聪慧敏智，刻苦好学，七八岁时就能熟读诗文，会写文章，有神童之誉。

开元十三年（725），唐玄宗到泰山封禅，百官相随而行。当玄宗行至曹州行宫，刚十岁的刘晏，给玄宗送来了他自己写的《东封书》，歌颂皇帝东封泰山。出色的文采，使玄宗大为惊奇。他命宰相张说当面测试。张说问过刘晏，果然才智过人。他赞不绝口，回奏玄宗说："这是国家将来的好征兆啊！"于是，玄宗将刘晏带回长安，破格授予他秘书省正字的小官，负责图书文字的校勘工作。在秘书省，刘晏有机会阅读大量著作，充实自己的学问。开元十五年（727），玄宗在勤政殿看杂技表演，有位叫王大娘的正在表演头顶百尺竿，玄宗召来刘晏，要他咏一首王大娘戴竿诗。刘晏脱口而出：

楼前百戏竞争新，

唯有长竿妙入神。

谁得绮罗翻有力，

犹得嫌轻更著人。

玄宗听后惊异赞叹！玄宗又问刘晏，你做正字，正了多少字？刘晏回答，天下字都正了，唯有"明"字还未正得，老向一边倾斜。这机智、风趣的回答，逗得玄宗及在场的人大笑不止。

天宝七载，刘晏出任夏县（山西夏县）令，后来又任温县（河南温县）令。他所到之处为百姓谋利施惠的事迹均有记录可查，老百姓把这些事迹刻在石头上传示后人。

天宝十四年（755）冬，安禄山起兵反唐，陷洛阳，破潼关，玄宗逃到了成都，京城长安也落入叛军手中。天宝十五年（756）七月，玄宗的儿子李亨在灵武即位，改元至德。在战乱中，刘晏逃到了襄阳避难。襄阳是玄宗第十子李璘的地盘，他是江陵四道的节度使，想乘此机会招兵买马，夺取皇帝宝座。他知道刘晏的才华，想让他来担任藩国里的重要职务。刘晏分析了永王李璘的情况，坚决辞谢，而接受了唐肃宗的任命，就任户部度支郎中，兼侍御史，掌管江淮地区的租庸事宜。刘晏从襄阳赶到吴郡（苏州）上任，此时，永王正率大军反叛。刘晏劝说吴郡太守李希言奋力抵抗，刘晏又分兵把守余杭，李希言兵败后和刘晏汇合。不久，李璘兵败。在抗击李璘的叛乱中，刘晏有胆有识，立下了功劳。

从此，唐肃宗对刘晏更加信任，调任刘晏为鼓原太守，后又升任陇、华二州刺史、河南尹。

亲自勘察　疏浚漕运

唐军收复长安后，刘晏于乾元二年（759）被任命为京兆尹，做了首都长安的行政长官。京兆尹是个重要的职务，也是个很难当得长久的官。在皇帝眼皮底下做官，周围还有不少地位比自己高、权力比自己大的王公官僚，倘若没有官场经验的人，要想在这个位子上周旋得开，那是很困难的。刘晏以才能升任，一不善于应酬，二又无靠山，不久就卷入一场政治纠纷，被贬了官。

司农卿严庄，因犯有通敌罪被捕入狱。刘晏作为京兆尹，就把他的住宅看管起来，加以监视。这是他职权范围的事，但却因此遭到严庄的忌恨。唐肃宗本来要严惩严庄，经不住严庄上下活动，最后不但赦免无罪，还亲自召见他。在肃宗面前，严庄诬告刘晏有野心，功居自傲，不尊重皇上，并告诉他泄露皇帝在宫中的讲话给别人听。皇上听到这些就信以为真。加上在上元元年（760）刘晏接替第五琦，出任户部侍郎、兼御史中丞、度支盐铁铸钱使，权力过大，引起宰相萧华的妒忌，也在皇帝面前说他的坏话。肃宗就不加分辨，在上元二年（761）将刘晏贬为通州刺史。

刘晏在通州作了半年刺史。唐肃宗去世，他的儿子李豫继位，是为代宗。代宗即位后不到两个月，就把刘晏召回京城，官复原职，继续加以重用。

宝应二年（763）正月，代宗升任刘晏为吏部尚书、同中书门下平章事，做了宰相，还兼度支等使。刘晏在朝廷，长期与宦官程元振交好，程元振因事获罪，一些人就攻击刘晏与程元振关系密切。于是，第二年就罢相，改为太子宾客。

两个月后，即广德二年（764）三月，刘晏又被任命为御史大夫，领东都、河南、江淮转运、租庸、盐铁、常平使，分理天下财赋。刘晏受命后，马上着手解决京师粮食和全国财政的问题。

当时正是安史之乱后，京师粮食奇缺，米价高到每斗一千钱，连宫廷膳房也没有隔夜粮，长安郊外的农民把还没有熟透的麦粒从麦穗上揉搓下来交纳，供军队用。

首先，他着手整顿江淮漕运。长安是全国的首都，人口稠密，

周围所产粮食已不能满足需要。每年要从东南各地调进大量粮食，安史之乱后，原漕运路线破坏，漕运不畅通，因而发生粮荒。为解决漕运线路问题，刘晏亲自到各地勘察，他顺着黄河，察看三门峡漕运遗迹，到过碛石、河阴、洛口等许多地方。在获得第一手资料的基础上，总结以前的漕运经验，选取了由淮河经汴水入黄河，再由黄河转渭水到长安的运粮路线。在给宰相元载的信中，他详述了打通这条路线的好处和存在的问题，希望朝廷给予支持。当时，元载独揽朝廷大权，无暇顾及这些具体的事，得到刘晏的报告后，立即就把整治恢复漕运的事全部委派刘晏去办。

刘晏按照自己确定的漕运路线，在他的指挥下，征集民工，疏浚河道。经过大力整治，才使荒废久已的汴水畅通，打通了漕运路线的关键一步。

汴水一通，整个漕运就活了。接着，刘晏又整顿管理，改善航运方法，改革漕运组织，大大缩短了漕运时间，使江南的粮食不断运进长安，最多的时候，一年漕运粮食达一百一十万石。

保证了长安的粮食需求，稳定了粮价。当运粮首批船到达长安时，京城轰动。代宗十分高兴，派遣了军队的鼓乐队到东渭桥吹号击鼓迎接，还派使者骑马飞驰代表皇帝慰问刘晏说："你啊，真是我的萧何!"萧何在汉楚战争中以充足的后方供应保证了刘邦的胜利，从而建立奇勋。代宗将刘晏比作萧何，可见他对漕运的重视了。

随着漕运的开通，刘晏的声望越来越高，这引起了宰相常衮的嫉妒。常衮是继元载之后当宰相的，他对代宗说刘晏是有德望的老臣，应该任命他为左仆射，实际是想夺刘晏的权。左、右仆射是尚书省的长官，但玄宗以来，左、右仆射不像唐初那样是宰相，而只是个尊位，并无实权。代宗认为国家财政刚走上轨道，正需要刘晏这样的人发挥作用。于是在任命刘晏为左仆射的同时，仍旧兼领度

支诸使，没有剥夺他手中的实权，而是继续发挥他的理财才能。大历十四年（779）五月，唐代宗去世，唐德宗即位。有人奏请德宗要求撤换转运诸使，刘晏本人也请求辞职。但德宗没有批准，反而加任他为关内、河东的转运、盐铁及各道的青苗使。

治财治人　相得益彰

刘晏主持全国财赋工作，除了在改革漕运制度取得巨大成功外，他对盐政的改革也取得了辉煌的成就。

首先，他精简盐政机构，删除冗员，清除了一批盐政机构中鱼肉百姓的盐官。除在主要产区嘉兴、海陵、盐城、新亭、临平、兰亭、永嘉、大昌、侯官、富都等十地设立盐监，管理和收购食盐，又在涟水、湖州、越州、杭州四地设立盐场，便于食盐的储存、分销。为了维护官盐的畅销，他还在扬州、陈许、白沙、淮西、浙西、宋州、泗州、郑滑等十三个地方设立巡院，捕缉私盐的偷运偷销，同时也兼管官盐的营销。刘晏的部署虽然很周密，但盐商唯利是图。一些偏远地区盐商们由于利润过低而不愿前往，因而缺盐。为了补救，刘晏设立常平盐，将官盐运到偏远地区储存起来，缺盐时把盐拿出来销售、调节市场、平抑盐价。除此之外，刘晏还在吴、越、扬、楚四地设置盐仓无数，积盐二万余石作为储备，盐产时丰时歉，有了储备，就保证了民间的需要。

这些改革，使盐政走上了健康发展的道路，不但方便商人，还稳定了盐价。而更为主要的是使唐朝政府的收入大大增加。江淮的盐利从每年四十万缗，增加到六百万缗，几乎占了国家收入的一半。

刘晏不但精于理财，也精于用人。他的理财成就是和他善于用人分不开的。他始终认为"办集众务，在于得人"，他选用官吏，不循资历，大胆起用新秀。在用人上，他将部下分为"士"与"吏"两类。他曾说，士子是通过考试获得官职，得到提拔，所以他们把

名声看得重于利益；吏员不是通过考试而得到爵禄，所以他们把实利看得重于名声。因此，刘晏把财政出纳、查办检举告发这些重要的事，全部交给士子去办，吏员只是办理文书的起草、收发而已。这无疑对于防止贪污舞弊的发生起了一定的作用。

德宗时代，杨炎任宰相。杨炎是前宰相元载的亲信，元载因专权骄横，被代宗治罪。当时刘晏是吏部尚书，由他负责审理元载的案子。刘晏按照代宗的授意，把元载判处死刑，元载的党羽也大部分受到贬斥，而时任礼部侍郎的杨炎也受到降职处分。杨炎当了宰相，为了报复前仇，就处处找刘晏的岔子，甚至不择手段陷害。他先夺去了刘晏的财权，以盐铁、转运应集中户部统一管理为理由，撤消了盐铁、漕运等专使职务，解除了刘晏在财政上的职权。接着，又奏请德宗贬刘晏为忠州刺史，派人监视。建中元年（780）七月，诬陷刘晏与朱泚勾结，蓄谋作乱，德宗派宦官赐刘晏死。一代杰出的理财家就这样蒙屈而死，终年六十五岁。

刘晏死后，杨炎籍没其家。登记在册的"唯杂书两乘，米麦数斛"，这样的清廉作风，在封建社会的官吏中是非常难能可贵的。

2. 盛宣怀的故事

盛宣怀（1844～1916），江苏武进人。字杏苏，号愚斋。1870年（清同治九年）入李鸿章幕。曾督办轮船招商局、总办中国电报局、督办华盛纺织总厂，又任山东登莱兵备道兼东海关监督、天津海关道兼津海关监督。1896年（光绪二十二年）起，相继接办汉阳铁厂、大冶铁矿，兼办萍乡煤矿，经办卢汉铁路，督办中国铁路总公司，创办中国通商银行。1900年参与东南互保活动。次年升任会办商约大臣，向列强出卖铁路和矿山利权。后创办天津中西学堂和上海南洋公学。1908 年任邮传部右侍郎，成立汉冶萍煤铁厂矿公司。1911 年初（宣统二年底）在皇族内阁邮传部大臣任内，与四国银行团签订湖广铁路借款合同激起铁路风潮。武昌起义爆发，被革职，逃亡日本。1912 年返回上海。有《愚斋存稿》及《盛宣怀未刊信稿》等。

盛宣怀出生在一官僚家庭。祖父盛隆，曾任浙江海宁州知州。父盛康，官至湖北盐法道。盛宣怀自小也和其他官宦子弟一样，希望能踏上仕途，升官发财。他埋头于《四书》《五经》。1866 年（同治六年），盛宣怀考中秀才。为了考中举人，他日夜苦读，但连续三次报考举人，都名落孙山。盛宣怀受此打击，认为走科举之路没有希望，得重新选择自己的人生之路。

几年后杨宗濂举荐他进入了李鸿章幕，不久取得李鸿章的信任，得以参与其创办的洋务民用性企业，也正是由于这一契机，使盛宣怀的人生之路从此走向飞黄腾达。

盛宣怀深知自己非科甲出身，若想平步青云，必须拿出真正的成绩来。在当时，洋务大官僚几乎都一致认为兴办洋务军事工业，才能求强致富，这是关系到清政府统治的头等大事。盛宣怀没有参加洋务派所办的军事工业活动，却抓住机遇，掌握了近代民用企业的管理权。

创办民用企业困难重重，不仅缺乏资金、技术和设备，而且旧的顽固势力也出来作梗，但盛宣怀没有打退堂鼓。1872 年 4 月，盛宣怀参与创办第一个洋务民用企业轮船招商局，就是抱着"以分洋商之利"的目的积极筹备的。他制定《轮船章程》，为招商局的经营管理做了最初的规划。该局开办之时盛宣怀被委任为会办，由于李鸿章的支持，他谋得了督办职务，掌握了招商局的用人管理实权，

奠定了他在清末经济领域内的重要地位。

1875 年为了建立海防和求富，清政府不断引进机器用于煤矿开采。盛宣怀被派到湖北去筹办湖北开采煤铁总局，他先后带领外国工程师马立师·敦来到湖北广济、兴国等处勘探煤铁矿藏。并于 1878 年初购得大冶铁矿山。因为经费紧张，不得已半途而废。但是，盛宣怀在湖北开展的工作，为后来洋务派大员张之洞创办汉阳铁厂铺平了道路。

盛宣怀经管另一洋务企业是电报局。1881 年，他被李鸿章奏请任电报局的总办，从此在架设电线、创办电报上劳累奔波，取得了很大成绩。第二年，盛宣怀又接办了苏浙闽粤等省陆线，不久又架设长江线。1885 年，因"海防需要"，设济南至烟台线，随又添至威海、刘公岛、金线顶等地方。由于东三省边防吃黑，由奉天接展至吉林珲春陆线。又因郑州黄河决口，为了筹办工赈等事宜，由济南接设电线至开封。1888 年，因襄樊地处交通要道，且为湖北的重要边防要塞，乃由沙市起设线至襄樊，又逐渐延伸至襄阳到老河口的电线。1895 年，由西安起接设电线与老河口相接，使得西北电线得以西线传递。电报局是洋务派官僚办企业的重要组成部分，所设电线也是清政府适应军事需要才大力发展的，但不能否认，盛宣怀在经营、管理方面所下的功夫。

1896 年是对于盛宣怀来说是个好年头。这年 4 月，张之洞为筹办卢汉铁路和汉阳铁厂准备招商集资，请盛宣怀到武昌详谈，二人谈得非常投机，盛给张留下了非常好的印象，认为他是办企业的人才。中日甲午战争以后，中国自办铁路和开采矿山，就是对外国资本的抵制。盛宣怀在承办汉阳铁厂后，多次申明必须掌握所有权。在他看来，如果不坚持这一原则，恐怕厂与路都会为外商侵占，后患无穷。

因此，盛宣怀主张借洋债筑路而反对洋人入股，因为洋人入股筑路，路权必为洋人所占。而借款自造则不同，债是洋债，路是华路，不要海关收入作为抵押。1897 年，英商屡次要求承造粤汉铁路，他认为如满足英商要求，则沿海内地都为其扼制，坚决不同意让英商办。盛宣怀在维护国家利益方面做了很多贡献。

盛宣怀看到西方列强夺取中国矿权，造成了许多有损中国利益的情形，指出不能为外人占去矿权与路权，也不许将矿产原材料制为成品。于是，他多方筹借资金在全国范围内购买矿山，在上海设立勘矿总公司，组织人员勘查矿藏。1908 年 3 月，盛宣怀合并汉阳铁厂、大冶铁矿、萍乡煤矿为汉冶萍公司，形成了一个庞大的钢铁集团。

盛宣怀虽说经济事业上取得较大成功，但在半殖民地半封建社会里，没有权力也是行不通的。因此，盛宣怀也积极参与政治活动。1900 年义和团运动时期，八国联军入侵中国，当北方义和团和清军英勇抵抗侵略军之时，英国以保护长江沿岸的商民为借口，派军舰闯入长江，并占据沿岸的商埠。这是英国侵略者为阻止义和团运动进入南方，保护其在长江流域利益的不法行动。鉴于这种情形，盛宣怀第一个提出"东南互保"之议，他与各国领事经过一段时间商议，提出"互保"方针告知东南几省的督抚：剿团、护使不援京师；上海租界归各国保护；长江内地均归督抚保护。各省督抚对盛宣怀的这一提议深表赞同，他们派盛宣怀为代表与各国领事尽快商讨订约。这时，原先只有英国参加的"互保"活动，引起了其他国家的注意，美、法、俄、德等国也加入进来。清政府宣战令传到东南各省后，刘坤一、张之洞和李鸿章拒不执行。他们和盛宣怀积极谋划，为促东南互保的形成。盛宣怀积极奔走，代表东南督抚与外国驻上海领事代表美国人古纳订立了互保章程。

"东南互保"表面看来与清政府的对外"宣战"自相矛盾，但实际上对内镇压义和团，对外妥协二者又是一致的。因此，清朝最高统治者后来认为，"互保"对自己的统治利益有利，于是对《东南互保章程》立下汗马功劳的盛宣怀大加奖赏，赐予其太子少保的官衔，这为盛宣怀以后的政治活动帮了大忙。

盛宣怀对清王朝是十分依赖的，他企望靠清政府的权势来增强其经济势力。因而，对清末风起云涌的资产阶级民主革命，盛宣怀是十分敌视的。对于各地的饥民暴动，他建议招抚为主，打击为辅；对于一些比较有组织的会党起义，他主张全力进剿。革命派以推翻清王朝，建立共和国为理想，不断发动武装起义。盛宣怀为此忧心忡忡，担心革命力量壮大，一发不可收拾。

盛宣怀为了壮大自己的经济实力，主张铁路干线国有，企图形成自己掌握的垄断经济体系，结果引起各地保路运动的发生，直接导致辛亥革命的爆发。

前面讲到的汉冶萍公司，是钢铁联合企业垄断组织的逐步形成。1909年，盛宣怀又重新控制轮船招商局，他所主管的中国通商银行也有较大的发展。1910年，盛宣怀又被任命为帮办度支币制事宜，可以统一铸币大权。为此，他极力要建立自己的经济垄断体系。虽然邮传部尚书职务对其管辖铁路提供了方便，但铁路所有权收归国有后不仅便于控制，且有利于与外国人进行交易。1911年，清政府终于宣布铁路国有。盛宣怀会同度支部与英、美、法、德四国银行团订立了川汉、粤汉借款合同。此举招致国内一片叫骂声，由此爆发了轰轰烈烈的保路运动，盛宣怀成为革命所打击的对象。

武昌起义爆发后，盛宣怀力劝隐居河南的袁世凯出山进行镇压，并答应提供军饷，但革命的发展形势不像盛宣怀所想的那样，清王朝大势已去，且为平息众怒，还把盛宣怀革了职，他在国内难以立

足，只得流亡日本，但轮船、汉冶萍等重要企业还在他的掌握之中。

南京临时政府成立后，中外反动势力企图联合扼杀这个新生政权，首先在经济上进行封锁。远在日本的盛宣怀也积极响应，站在反动势力一边，对临时政府持仇视态度。当南京政府迫不得已要将汉冶萍作为中日合办以及招商局作抵押向日本借款时，盛宣怀坚决反对，当然，他并不是站在民族利益上来反对，而是出于对政府的仇视。

盛宣怀失去了赖以生存的清政府以后，又把眼光盯到了袁世凯身上，他希望凭借这个实力派人物能保下他那万贯家产。于是，袁世凯窃国为民国总统之时，盛宣怀处处表彰袁的非凡才能。当反对袁世凯破坏民国的"二次革命"爆发时，盛宣怀竟说这是革命流毒忽发作，咒骂"二次革命"是一次"叛乱不息"，希望北洋军南下消灭这支革命力量。

袁世凯对盛宣怀也给予回报，盛宣怀回国后避居青岛，对汉冶萍公司和招商局重新主持，袁政府在其经营、发展时给予扶持，这更让盛宣怀感激涕零。晚年的盛宣怀，虽不如辛亥革命前那样春风得意，但也有了个还算自己满意的结局。1916 年，这个在近代中国政治和经济领域里曾经显赫一时，颇有影响的盛宣怀病逝，终年62 岁。

盛宣怀是洋务活动中的中坚人物，他推行商本商办民用企业对社会是起了一定的作用，但他与袁世凯勾结，仇视革命又是他人生的一大败笔。

3. 邵逸夫的故事

邵逸夫 1907 年出生在上海。17 岁进入大哥的天一影片公司打

工，随三哥闯荡东南亚；1932 年，在香港拍出中国第一部有声电影《白金龙》；1959 年在香港成立了邵氏兄弟香港有限公司，建立邵氏电影城，拍摄的影片在历届亚洲电影节中共得大小奖项 46 项，创下了中国电影史上的最高纪录；1980 年，成为香港电视（无线）有限公司董事局主席，无线电视台获得长足发展；1973 年，邵逸夫创立了香港"邵氏基金"，用于提高社会福利；1985 年以来，邵逸夫又多次捐款支援中国大陆兴办教育事业，到 1992 年初，他捐资兴办的教育项目已达 84 个，总额达 5 亿多港元。

影视皇帝邵逸夫的祖籍是浙江镇海。他 1907 年出生在上海，是家里的第六个孩子。

邵逸夫兄弟后来纷纷投身电影事业，无疑是受父亲的影响。

邵逸夫的大哥邵醉翁，本来就十分喜爱戏剧艺术，常常自己写个剧本，让家里养着的演员排演。接触到电影之后，他就开始筹拍电影。几个小弟弟邵屯人、邵仁枚和邵逸夫更是高兴地整天围着他转。后来邵醉翁创立"天一影片公司"，几个弟弟也都加入进去。

天一影片公司所拍的第一部影片，就是邵醉翁自己编排的戏剧。这部影片花了邵家 2000 块大洋，但就是这白花花的 2000 块大洋，像雪球一样，滚出了邵家不可一世的电影事业！

天一影片公司属于小影片公司，这类公司当年过于追求商业利润，拍起影片来粗制滥造，弄得整个电影业的名声都不好，生意一落千丈，引起了其他影片公司的不满。1927 年，领导中国影业的"明星公司"老板周剑灵联合"大中华"、"百合"、"民新"、"友联"、"上海"和"华剧" 6 家大公司，联手组成"六合影业公司"，与南洋影片商集团订合同，一致不买天一影片公司的影片。这就使邵家的天一公司陷入了四面楚歌的困境之中。

这时，邵逸夫的三哥邵仁枚接管了天一公司的营业经理职务。

他比大哥更多些经营头脑，首先想到的是为公司的产品找到销路。他对着地图苦苦思索，究竟该向什么地方去谋求发展呢？邵逸夫在一边笑话他说："你的手已经划到外国去了！"这句话反而提醒了邵仁枚。他说："外国怎么啦？外国人也要看电影的么！"他认真分析说，东南亚一带华人多，中华文化影响也大，久离祖国的华侨思念家乡，也许那里正是国产影片的好市场呢！大哥邵醉翁也动心了，当即一拍桌子，说："去！我们就是要打到国外去！"

邵仁枚带上几部天一公司的影片，乘船去了新加坡。可是，新加坡的各个电影院却像约好了一样，都不接受他的影片，理由是从来没听说过这家公司。邵仁枚焦头烂额地回到旅馆，一筹莫展。幸亏后来有热心人把原因告诉了他，原来新加坡的华侨多数是广东、福建人，排斥其他地方的人。邵仁枚一听有了办法，他发现新加坡华英戏院老板孔先生是宁波口音，便与孔先生攀乡亲。孔先生终于答应把戏院租给邵仁枚放电影。为了打响第一炮，邵仁枚煞费苦心，在影片上映之前大造舆论，使当地华侨都知道要放中国电影了；同时票价特别低廉，这果然吸引了大量观众，电影院所有座位爆满，还有人买"站票"进去。散场之后，这些人回去一宣传，使更多的观众蜂拥而来，情况比邵仁枚预想的还要好！

邵仁枚忙得不可开交，只得拍电报回国，要六弟邵逸夫来当帮手。

当时，西方已经有了有声电影，但中国和东南亚还停留在"哑巴电影"的时代。他说："现在大家都困难，舍不得拍有声电影，我们正好乘虚而入，捷足先登！"三哥邵仁枚沉吟了片刻，鼓励弟弟说："那你就动手干吧，我们会支持你的。"

然而真正动手干，事情却不是那么简单。有声电影究竟是怎么回事，邵逸夫头脑中也是一片空白，他要的演员没有，机器没有，

音响设备没有，连资料都没有。他所知道的只有一点，就是这些东西在欧洲有、美国有。

后来，邵逸夫回到祖国，与粤剧表演艺术家薛觉生合作，终于拍出了中国第一部有声电影《白金龙》（1932 年）。有声电影放映出来，声情并茂，轰动一方；同时又能使许多买不起戏票的人能领略粤剧表演艺术家的风采，更是大受欢迎！观众对电影中的人说话都十分惊奇，只要一有声音出来，就大声欢呼！据说有一次在泰国（时称暹罗）放映时，观众硬是把留声机砸开，要看看是不是有人藏在里面。害得邵逸夫每次放电影都要派专人保护留声机。这部影片让邵逸夫赚了大钱，仅在广州放映的票房收入就是它全部拍摄成本的 60 倍。这一成功不仅使邵氏机构转危为安，而且也开创了中国电影史上有声电影的新纪元。

1959 年，邵逸夫在香港成立了邵氏兄弟香港有限公司。为了打好基础，扎扎实实地推进他的事业，他决定先在香港建立自己的电影王国。他乘着汽车在香港转了一整天，看中了清水湾附近一座半荒的山岗，于是投入巨资，将整个山岗买下来。紧接着，成队的机械开到了山下，将整座山岗削成平地，在这平地上筑起一座电影城——邵氏兄弟电影制片厂。

就在这座电影城中，邵氏兄弟先后拍摄了 1000 多部电影，其中不少给观众留下了深刻的印象。为了打响邵氏影城的第一炮，邵逸夫亲自挑选剧本，从几十部剧本中，最后选中了描写貂蝉故事的《江山美人》，因为他预测古装片会受观众欢迎。然而财务人员一做预算，便劝邵逸夫放弃这部片子，因为至少要花 100 万港币！财务人员想的是，万一这部片子拍得不成功，邵氏公司就有瘫痪的可能。但邵逸夫想的却是，大胆起用年仅 30 岁的李翰祥担任导演。李翰祥果然没有辜负邵逸夫的厚爱，《江山美人》一炮打响，创当时香港电

影票房最高纪录，并且囊括了第五届亚洲电影节五项大奖。这部电影不但使邵氏公司站稳了脚跟，也使李翰祥一举成名。

到20世纪70年代初，日本、泰国、新加坡、澳大利亚等几十个国家和地区建立了200多家邵氏影片的发行网点，专门放映邵氏公司拍摄的中国影片。用邵逸夫的话说，邵氏公司挂起了"太平洋银幕"！

20世纪60年代，是邵逸夫开创电影王国的黄金时代，邵氏公司网罗了大量编、导、演人才，每年都能拍40多部故事片。从1958年到1973年，邵氏公司拍摄的影片，在历届亚洲电影节中共得大小奖项46项，创下了中国电影史上的最高纪录。

司马迁的《史记》中有句名言，叫"物极则反"。老祖宗总结的道理，邵逸夫当然也懂。20世纪60～70年代，邵氏公司经历了全盛时期，也是整个世界电影业的黄金时代。进入80年代，与整个世界影业一起，邵氏公司也开始向下坡滑行了。

邵逸夫比谁都清楚，力挽影业颓势的最好招法，是将业务多元化发展。他把目光投向了当时电影的最大敌人——电视。当20世纪60年代中期香港政府公开招标竞投无线电视广播经营权时，他毅然与几位志同道合的投资者合作，一举夺标，闯进了电视广播领域。1967年底，无线电视正式开播，邵逸夫从此成为"香港电视广播有限公司"（无线电视台）的董事。1980年，邵逸夫出任董事局主席以后，把"邵氏影城"的明星和香港演艺界的精英都网罗到了门下，一时无线制作的高水平高质量的电视剧集纷纷出笼（如83版《射雕英雄传》），每晚黄金时间播出的《欢乐今宵》，更以其丰富多彩生动活泼的内容深受广大市民的欢迎，于是收视率急剧上升。此后十多年，一直以8：2或7：3的比例压倒"亚洲电视"，雄视香港。

4. 包玉刚的故事

包玉刚，1918 年生于中国浙江宁波，宋朝包拯第 29 世孙。1991 年 9 月 23 日病逝。

在世界的 7 个著名船王中，包玉刚是王中之王。在 1980 年他的环球集团鼎盛时期，他拥有 210 艘万吨巨轮，总载重量 2100 万吨，超过美国、苏联这两个超级大国所拥有的船队载重总量，比希腊船王尼亚克斯和奥纳西斯两家船队载重量的总和还要多一倍。

包玉刚不仅仅是世界船王，他的业务还包括酒店、房地产、贸易、交通运输、电子、航空运输，形成一个海陆空立体的多元化企业集团。据估计，他的财产至少有 300 亿港币。

包玉刚不仅仅是一个商人。他主张"政商合一"，被人们誉为"经济界的政治家"。他与世界许多国家的首脑交往甚笃。1976 年，英国女王伊丽莎白曾授予他爵士头衔，比利时国王、巴拿马总统、巴西总统、日本天皇也先后授予他勋章或最高奖章。他曾受到英国首相希思、美国总统里根的特别宴请。我国领导人邓小平、江泽民也多次接见了他。

成功来自勤奋

包玉刚一踏上社会就以勤奋和善于思考而取胜于人。22 岁时进中央信托局衡阳办事处工作，很快地熟悉了信托、购料、易货、储蓄、保险等各个环节的业务。不久就被调任为中国工矿银行衡阳分行的副经理。

在新的工作岗位上，年轻的包玉刚充分显示了自己的才能，他调度有方，应付自如。当时因战事交通受阻，中央银行衡阳分行突

告现金短缺，周转不灵，包玉刚及时给予 500 万元现钞的支援，帮其度过了难关。浙江省银行得知此事后，对包玉刚倍加赞赏，从而全力支持他的工矿银行的业务。随后，包玉刚被调升为中国工矿银行重庆分行经理。

1945 年，抗战胜利后，包玉刚从重庆回到上海，被委任为上海市银行业务部经理。第二年，又被提升为上海市银行副总经理兼业务部经理。28 岁的包玉刚在上海金融界崭露头角。

到香港后，包玉刚勤奋从业，艰辛经营，成了当今世界闻名的"世界船王"。包玉刚虽然成了香港的富豪，但他从不懒散放荡，几十年来不嗜烟酒，生活严肃，专心事业。他每天都要与分布在世界各地的子公司、办事处通电话，以便掌握最新信息，做出相应决定。

为了保证精力充沛，更好地工作，包玉刚坚持锻炼身体。每天早晨起来首先跳绳 400 下，接着跑步，然后跃入游泳池游泳。

40 多年间，不论在香港、北京，还是在美国、日本，从未间断过。有一次，他在联邦德国，大清早冒雪在路边跳绳、跑步。一名全副武装的警察神情严肃地在旁边盯着他，怀疑这个东方人有精神病。直到仔细检查了包玉刚的证件后，才悻悻离去。

包玉刚不仅严格对待自己和家人，对公司职员也同样严格要求。他经营的环球航运公司先后管辖过 400 多艘船，包玉刚几乎与每位船长、工程师都谈过话。凡是信息网络反馈出哪条船的船长、工程师酗酒、嗜赌，不论其技术好坏、能力强弱，立即解雇，他认为技术再好、能力再强，有这些毛病，都不可能勤奋地工作，都会玩忽职守，造成无法弥补的巨大损失。

包玉刚勤奋治业的精神，使其经过 20 多年苦心经营的环球航运集团业绩辉煌，总载重吨位达 2100 万吨，跃居世界航运业之冠。

敢于接受信心的挑战

包玉刚不是航运家，他的父辈也没有从事航运业的。中学毕业

后，他当过学徒、伙计，后来又学做生意，30 岁时升到了上海工商银行的副经理、副行长，并小有名气。31 岁时包玉刚随全家迁到香港，他靠父亲仅有的一点资金，从事进出口贸易，但生意毫无起色。拒绝了父亲要他投身房地产的要求，他表明了欲从事航运的打算，因为航运竞争激烈，风险极大，亲朋好友纷纷劝阻他，以为他发疯了。

但是包玉刚却信心十足，他看好航运业并非异想天开。他根据在从事进出口贸易时获得的信息，坚信海运将会有很大的发展前途。经过一番认真分析，他认为香港背靠大陆、通航世界，是商业贸易的集散地，其优越的地理环境有利于从事航运业。37 岁时包玉刚正式决心搞海运，他确信自己能在大海上开创一番事业。

包玉刚早有独立创业的强烈意识，终于，他抛开了他所熟悉的银行业、进口贸易，投身于他并不熟悉的航海业，人们对他的讥笑多于嘉许。的确，对于穷得连一条旧船也买不起的外行，谁也不肯轻易把钱借给他，人们根本不信他会成功。他四处告贷，但到处碰壁，尽管钱没借到，但他经营航运的决心却更加强了。后来，在一位朋友的帮助下，他终于贷款买来一条有 20 年航龄的烧煤旧货船。从此包玉刚就靠这条整修一新的破船扬帆起锚，跻身于航运业了。

包玉刚一条破船闯大海，当年曾引起不少人的嘲弄。包玉刚并不在乎别人的怀疑和嘲笑，他相信自己会成功。他抓住有利时机，正确决策，不断发展壮大自己的事业，终于成为了世界上最大的私营船舶所有人。

以信取胜，获得别人的帮助

包玉刚之所以秀出于企业家之林，一个重要的原因就是他守信用、讲信誉，忠其言、善其行，因此而获得汇丰银行的信赖和支持，经济上有了强大的后盾。

早在 1949 年以前，汇丰银行在中国的各外商银行中就已首屈一指。那时它已控制了整个香港金融市场。1956 年，包玉刚以一艘船做抵押，向汇丰银行贷款，得到了汇丰银行高级职员桑达士的支持。

后来，日本航运公司急欲租用船只，包玉刚打算用 100 万美元购买一艘 7200 吨的货船，租给日本航运公司 5 年。日航公司愿意请它的往来银行开具一张 75 万美元的"信用状"，资助包玉刚买船。这个信用状上的 75 万美元作为租船第一年的租金。包玉刚准备用这个信用状向汇丰银行抵押，借款去买船。他就此事与桑达士商量，桑达士认为日航公司不会这样做。可是，包玉刚真的从日航公司拿来了信用状。桑达士完全信服了，同意给予贷款。从此汇丰银行一再支持包玉刚。

据估计，汇丰银行对包玉刚集团的投资，账面价值已超过 5000 万美元，比市场价值还要大得多。由于有国际金融资本作坚强后盾，才使包玉刚的事业立于不败之地。

除汇丰银行外，包玉刚以其严守信用的作风取信于日本造船业界及金融界，这也是他成功的重要因素之一。60 年代，日本的造船工业，达到全世界建造新船总吨位的一半。无论价格、质量、交货日期等，各国船厂很难与其相匹敌。在世界航运业大发展的时候，各国船东争相在日本造船。包玉刚从 1961 年起，开始在日本订船。他的船队里 90% 以上的新船，都是日本造船厂建造的。1971 年，世界航运业出现萧条，船东们不再惠顾日本造船厂，但包玉刚却依旧在日本订了 6 艘船，总吨位为 150 万吨。日本造船厂的负责人称包玉刚是他们"最尊敬的主顾"。所以，包玉刚在日本造船总能得到很大的方便。除日本的金融界给予支持外，日本造船厂再忙也接受他的订单。而且往往无需支付现金，并可以分期付款。

正是由于包玉刚忠其言，善其行，以信取胜，苦心经营，才使

他的环球航运集团在 1981 年已发展到 210 艘轮船，总载重吨位达 2100 万吨，跃居世界航运业之冠。

5. 李嘉诚的故事

李嘉诚，生于 1928 年。原籍广东潮安，家境清贫。

李嘉诚是香港风云人物。20 世纪 60 年代中期，香港地产业陷入低潮，李嘉诚看准时机大举入市，由塑料厂老板摇身一变成为地产大王，之后长江集团急速壮大，业务伸展到世界各地。

李嘉诚现在控制长江、和黄、长建、港灯四家上市公司，业务范围由地产、电讯、货柜码头以至超级市场，十分广泛。计至 2000 年 2 月 15 日，其集团总市值达 80600 港元。

对香港人来说，李嘉诚意味着财富。早在 1987 年，国际权威财经杂志《幸福》曾估计李嘉诚拥有 25 亿美元的家产，名列世界第 26 位。李嘉诚荣登了"世界华人首富"的宝座。

1992 年，在备受港人关注的香港《资本》杂志每年列出的富豪榜上，李嘉诚又以拥有 38 亿美元的资产居榜首，被人们称为"超人李"、"大哥诚"。

重信笃行，行侠仗义

1950 年，李嘉诚用节衣缩食积攒的一笔钱开办了一家小型塑料厂，专门生产玩具和家庭日常用品。20 世纪 50 年代后半期，欧洲和美洲市场出现了塑料花热潮。李嘉诚果断决策转产塑料花，并大量生产出口欧美。

1973 年，阿拉伯石油输出国组织为打击美国等经济大国支持以色列入侵叙利亚的行动，大幅度减少原油产量，造成国际性石油危

机。受此影响，香港塑胶业发生了原料饥荒。一些奸商乘机囤积居奇，使原来每磅不足 1 港元的胶粒暴涨到每磅 4～5 港元。许多中、小塑料厂难以承受原料上涨所带来的亏损，面临停产倒闭的威胁。李嘉诚对此深为关注，四处奔波，八方游说，采取各种措施帮助这些企业渡过难关。

首先，他动员进口商加紧输入塑胶原料，缓和供求矛盾；其次，从长江实业有限公司配额硬胶中拿出 12 万磅，按原价出售给各厂；最后，在本公司库存货物中，拨出吹气软胶 1243 万磅，以低于市场一半的价格卖给各厂。李嘉诚的这一义举使众多中、小塑料厂如大旱得甘霖。大家齐声称赞李嘉诚是"及时雨"。

成功地实施自我角色的转变

抗战时期，12 岁的李嘉诚随父母流浪到香港。15 岁便在茶楼给人端茶倒水，17 岁辞职去一家塑胶厂当推销员，20 岁时，他用自己的 7000 港元积蓄，在一个破烂的工棚里办起了自己的小塑胶厂。工厂创办伊始，资金少，人才缺，采购、设计施工、推销，他都得事必躬亲。用了 10 年的时间，李嘉诚已成为香港妇孺皆知的"塑胶花大王"、"千万富翁"。

下一步该怎么办？这是对李嘉诚的严峻考验。他毅然把"工厂"变成"公司"，从事无巨细都得他亲自过问的创业者英雄式管理，转到依靠管理专家、技术人才的"集团管理"上来。他依靠部属进行管理，实行分级负责。李嘉诚已经认识到，企业开办之初，企业家的艰苦奋斗是重要的，因为这时资金缺乏，各种关系又没建立，成功与失败在于创业者本身下多少工夫。可是企业站稳了脚跟（注意，有的误以为是企业的成熟），创业者初期那种"英雄式"的管理方式已经不适应了，各部门的工作要靠秘书、译员、工程师、技术人员。

目光远大，头脑灵活

李嘉诚在短短的二十几年内从一个最低级的工厂推销员一跃而成塑胶花大王，又成为香港地产界的超级巨富。他的成功，与他锐利而长远的眼光、正确的预测是紧密联系在一起的。

1950 年，李嘉诚成立了自己的塑胶厂，专门生产玩具和一些家庭用品。不过，他很快发现，塑胶花将有无可限量的市场，于是果断地从经营塑胶玩具转到经营塑胶花。由于预测正确，又决策果断，李嘉诚获得了巨大的成功。塑胶花市场一直旺盛到 1964 年，前后 7 年的时间，给李嘉诚带来了数千万港元的财富，也奠定了他未来发展的基础。

也就在此时，李嘉诚超人一等的眼光又瞄向了无可限量的香港地产业。尽管 1964 年前后，香港房地产行业多有起伏，不少千万富翁因投资地产业而破产。可以说，当时的香港地产业处于低谷。但李嘉诚则准确地预测到：一两年的小起伏，在整个经济浪潮中是不足为虑的；何况香港人多地少，地皮永远涨价，会涨到惊人的程度。于是，李嘉诚将塑胶工业中获得的利润不断地投入到房地产行业中，放胆买入了大量的地皮和旧楼。由于他眼光独到，预测准确，结果投资地产一帆风顺，他的财富也直线增长。现在，李嘉诚已成为香港大亨中的首富。

克己奉公，不谋个人私利

虽腰缠万贯，李嘉诚从来不炫耀自己的财富，他在自己的私房中一住就是 20 多年，戴的是普通手表。他在集团中不领薪金，每年只拿 640 美元的董事费，没有其他福利津贴，所有的豪华汽车、游艇都是他自己花钱购买的，甚至午餐也从不开公账。

长江实业集团在 1979 年站稳以前，为了表示对公司的信心并节约开支，他自掏腰包支付各位董事的薪金。

多年前的一个夏天，他儿子利用学校暑假在长江实业公司工作，曾开玩笑地对爸爸说："我是全公司待遇最低的职员。"李嘉诚对儿子说："不对，我才是。"他还说道："如今我赚钱不是为了自己。"

令香港财经记者感动的还有一件小事。有一年，他们想举办一个研习班，但缺少经费，求助于李嘉诚。李嘉诚说，若以公司名义捐款，要经董事局讨论，不如我自己掏腰包吧！马上开出了一张 2000 港元的支票。

李嘉诚的名声正是这样传扬开来，长江实业公司的信誉也正是这样树立起来的。

6. 李兆基的故事

香港富豪李兆基的名字，经常排在外国财经杂志富豪榜之列。他的成功秘诀在于眼光敏锐，他认为地产建设大有可为，全力以赴，于是创下了今天的巨额财富。

至 1990 年 3 月，恒基兆业地产公司的总市值达 106.93 亿港元，恒基兆业发展公司的总市值也有 40.85 亿港元。此外，又透过恒基兆业地产持有 29.7% 总市值为 107.61 亿港元的中华煤气、持有 32.6% 总市值 933 亿港元的香港小轮的股权。四大公司的总市值近 265 亿港元，与最初的 1.5 亿相比，真是天壤之别。

青年时期的李兆基只带着 1000 元到港闯天下。他处事心细，精于计算。他有一句格言"小生意怕食不怕息，大生意怕息不怕食。"对李兆基而言，他坚信做小生意最重要的是勤。至于说做大生意，最重要的是计算精确。生意额大，牵涉的本钱和盈利大，一出一人的利息，多一分少一分是很重要的。他最不喜欢把时间及金钱花用在吃吃喝喝的应酬之上。

李兆基的成功，当然希望延至下一代。所以他教儿子有自己一套，他说："少年得志，狂妄自大；游手好闲，不思勤奋，是失败之源；放纵自己，轻挑浮躁，早晚会闯祸。凡事不可忘本，饮水而不思源，后果堪虞。"

1928年1月29日出生于广东省顺德，自幼在家乡私塾受教育，其父在广州开设银庄。30年代的广东顺德，虽是珠江三角洲的鱼米之乡，但工业生产还相当落后。李兆基的父亲尽管精于生意，那时他也只不过在当地开个"铺头"而已。小小的李兆基，常常去父亲的"铺头"吃饭，似乎自幼对做生意就不陌生。

李兆基在顺德的私塾上学，小学毕业的时候，父亲已在广州开了一家银庄，他便到银庄学做生意了，父亲是老板，儿子拣点清闲活干干就行了。可李兆基偏不，他从养成工干起，干些打杂的活儿。

开初，他被银庄的钞票迷住了。你看，各种各样，大捆小捆，出出进进。他想，什么时候我也能赚上几捆钞票呢？渐渐地，他业务上也入行了，兜里也装进了一些钞票。可不知为什么吃饭没有钞票不行，但这些钞票今天可以买到一斤米，过两天就连一两米也买不到了。就在他开始懂得怎样赚钞票的时候，他又似乎觉得光赚钞票没用。他开始厌恶钞票了，为什么？他说不清楚，可他又离不开钞票。

1948年，银庄开不下去了。李兆基跟随父亲来到香港。又是一个新天地。靠什么生活呢？人说他来香港时，腰间只插了1000元，但也有人说他带了一笔可观的积蓄。可为了生活又得设法赚钱。银庄的经历使他最熟悉兑换业务，于是，他便到文咸东街泗利金号等几间金铺"挂单"，开始买卖外汇和黄金。当时澳门有黄金专营权利，李兆基便与何贤等在澳门有一定势力的人合作，在黄金买卖中

"大展拳脚"，终于掘得了第一桶金。

有了资金，他又开始做五金生意，搞进出口贸易。钱，像滚雪球一样越滚越多了。

1958 年，香港商界三位能人"誓师结义"，他们是李兆基、郭得胜、冯景禧。他们同另外 5 位股东，组成"永业企业公司"，首先买入沙田酒店，红红火火地经营起来。

到了 1963 年，"三剑侠"索性"甩掉"其他股东，三人合作组建了"新鸿基企业有限公司"。"新"字是取自冯景禧的新禧公司，"鸿"字是取自郭得胜的鸿昌合记，"基"字是取自李兆基的名字。新鸿基初期的规模很小，只有十多名职员，注册资本港币 500 万元，实付资本 300 万元（每人投资 100 万元）。在当时的香港商界，三人都不过是中等的商人，

"三剑侠"经过 5 年的合作，积累了地产经验，有了新公司，更是雄心勃勃，誓与其他地产公司一较高低。别人开发地产多集中在商业和工业用地，即使兴建住宅楼宇，也多往大型屋村或豪华住区发展。但新鸿基却看准了中小型住宅楼宇，这正适应了工商业的急剧发展及青年一代组建家庭的特点。因此，新鸿基的地产事业，正可谓一日千里。

1972 年李兆基辞去新鸿基总经理一职，只留任副主席。三剑分家，李兆基获得大约价值 5000 万元的地盘和物业。就在这一年年底，他凭着这些家当又与胡宝星等组建了"永泰建业有限公司"。

公司成立之初，正值股票市场炒得天翻地覆，李兆基趁热打铁，以每股 1 元，升水至 1.7 元，将永泰建业公司实收股本 2532.4 万港元，出售股票套现，大赚了一笔。

1973 年 3 月，香港股票大崩溃，地产也陷入低谷，李兆基瞅准行情，立即将赚来的钱抛出，趁旧楼价格和土地价格大跌，迅速进

行收购。实物总比钞票令他更放心。

1975 年，李兆基终于开创了自己的王国——恒基兆业有限公司。开办之初，还是一家未上市的私人公司，股本 1.5 亿港元，李兆基任董事局主席兼总经理。李兆基视之如子，料理精心。

你看，恒基兆业公司一成立，李兆基即以物业换取永泰建业公司 1900 万新股方式，掌握了永泰 42.9% 股权，成为最大股东而入住永泰董事局，使永泰迅速脱胎换骨。至 1979 年度，永泰市值已跃至 9 亿港元，扩大了 20 多倍，成为了一只中型地产股，拥有 26 个地盘，总楼面积 260 多万平方英尺。从物色、收购、发展到时机掌握永泰的过程，已足见李兆基的眼光、才智和魄力。

1981 年 6 月，李兆基抓住股市牛市和地产高潮的大好时机，一举将恒基兆业地产公司上市集得资金 10 亿港元，充实了资金实力，从而在紧接而来的股市、地产低潮中平稳地度过了不景气的一关。

1985 年 11 月，恒基兆业地产公司斥资 6 亿港元，向母公司恒基兆业及李兆基本人购入永泰建业股票 1.26 亿股，控制永泰股权达 70.8%，通过这次收购，使恒基地产增加了永泰的 36 个地盘，拥有近 900 万平方英尺楼面面积的发展土地，土地储备扩大了 23%。

1988 年 8 月，恒基兆业集团再次改组，恒基地产收购了永泰建业。并将永泰建业改名为"恒基兆业发展有限公司"，而在此之前，永泰曾购入 28.7% 香港小轮股权和 26.4% 中华煤气股权，此次改组同时又宣布发行约 12 亿新股，实力更显雄厚。

按 1988 年底市值计算，已有 36 亿港元之多的市价，堪称大型上市公司，与恒基地产并列为恒基兆业集团的两大公司，成为李兆基的左膀右臂。15 年前永泰市值只有 4 千万港元，而今的恒基发展，市值竟达 40 多亿港元。

李兆基——点石成金，名不虚传。据 2004 年《福布斯》杂志公

布的一项全球富豪排行榜显示，李兆基个人净资产63亿美元，排行第61名，位居最富有的世界华人排名第三位。

7. 张瑞敏的故事

张瑞敏，山东人，著名的海尔集团总裁。

张瑞敏没有读过大学，但对哲学和企业管理却有很深的造诣。张瑞敏信奉孙中山先生的一句话：要做大事，不做大官。张瑞敏的确做了一番大事。1984年，张瑞敏接手青岛电冰箱总厂，当时该厂亏损已达147万元。而这时，中国的冰箱大战一触即发。有人这样形容：张瑞敏手中的叉子还没有递出，盘子里有限的蛋糕似乎已经被各路英雄瓜分殆尽。但具有哲学思维的张瑞敏却不这样想，他想的是：我为什么要去抢这块蛋糕呢，我要自己重新做一块蛋糕来享受。这种想法基于他对电冰箱产业敏锐的观察——当今国内市场上冰箱数量多品牌多，但并没有真正意义上的品牌。于是张瑞敏一开始就给海尔定下了"起点高，生产同类产品中最优秀、最有导向性的、起着引导消费作用的冰箱。"简言之，即名牌战略。在这个战略指导下，海尔开始了百年的创业与积累过程。1988年以来，先后兼并了六家企业。兼并之后，海尔用自己的管理观念和机制对之进行全盘改造，为被兼并企业注入海尔企业文化，以此统一企业思想，重树企业灵魂。张瑞敏做事的气魄还体现在1994年在全国宏观经济非常吃紧的情况下，居然拿出14亿投资建立海尔工业国。张瑞敏后来谈到，海尔工业国的建立，使其成为国内面积最大的家电生产基地，这能给人一种信心。曾有一个海外投资商来海尔，想谈条件，张瑞敏建议他先到海尔看看，投资商开车在工业国走了一圈之后，

什么话也没说，就坐下来签协议。

张瑞敏的哲学思想最终形成了海尔的 OEC 管理模式，也就是全方位地对每天、每人、每事进行清理的制度，又称"日日清"制度。根据这一模式，上至总裁，下至一般员工，哪怕是一个修剪花草的工匠，都应该十分清楚自己应该干什么，干多少，按什么标准干，要达到什么结果。当天发现的问题必须当天处理。其哲学思维体现在：大小目标在实施过程中的影响因素特别多，如果不能及时处理，就会形成积重难返的大问题，以致影响目标的实现，而目标得不到实现，又会反过来影响人们的工作热情和干劲。在这个基础上，张瑞敏又添上了"日日高"的管理内容。就是说，在市场竞争中与其让别人打倒你的产品，不如自己先打倒自己，不断否定自己的过去，才能在市场上立于不败之地。对一般员工而言，每天综合评比分数最低的员工将站在特制的"6S 大脚印"上听取班组长的批评与指导；对一般管理人员来说，如果某天你向上级汇报中出现"一切正常"四个字，则将被扣除一分，因为你缺乏发现问题的眼光；对更高层次的决策者而言，则意味着要随时关注从生产到销售，从资金到市场，从管理到竞争的方方面画，制定出更具有挑战性的发展战略。

即使在盛名之下，张瑞敏依然有着强烈的危机意识。为此在抓管理的同时，张瑞敏还在服务上做文章。他认为未来的竞争是服务的竞争，当我们的产业发展到一定阶段的时候，销售前后的服务是一个决定性的因素。许多百货商场的总经理总是赞不绝口：中国服务真正做到家的就是海尔。张瑞敏还认为，海尔要发展成一个全球化的大集团，就必须走产业资本与金融资本一体化的道路，甚至要跨行业发展，海尔还准备建立药业分公司。用海尔一名中层干部的话讲，"张瑞敏有什么样的思路，海尔就有什么样的发展。"没有人能怀疑这句话。

8. 荣智健的故事

荣智健是中信泰富集团主席，中国内地首富。*1942 年 1 月 17 日*生于上海，籍贯江苏，是家中唯一的儿子，另有两个姐姐和两个妹妹。他的父亲是著名的"红色资本家"荣毅仁。荣智健小时候在上海度过。一九五九年，毕业于南洋模范中学。公私合营之后，荣家在中国内地的企业已实行公私合营，家族中人一般不担任直接的经营管理工作。下一代人似乎可以享受高股息带来的优越生活，而不必从小吃苦。据一些当年认识荣智健的人回忆，那时十六七岁的荣智健是上海知名的"公子"。他有一辆红色的敞篷车，经常开出去兜风，他常请同学朋友去国际饭店、红房子吃饭，很大方。他是体育爱好者，上大学时是"职业棒球手"，先后代表上海队和天津队参加过全国的比赛。

虽然荣氏的私人企业已全部公私合营，但即使是动荡的 *1958 年*大跃进运动中，荣家也非同一般，荣智健念大学时期，生活条件明显优越于其他同学。"在天津大学的时候，生活比在家里时候要艰苦、严格得多，可是我却有条件请大伙儿吃饭，上学校小食堂吃顿排骨，虽然贵一点，只要有钱，还是可以吃得到。因此，我在同学们的眼中显然是一个明珠。"荣智健回忆大学生活时说。

一九六五年，荣智健毕业于天津大学电子工程系。荣智健和其他年轻人一样，以满腔的热情到了吉林长白山下的一个水电站实习。一九六六年，又"下放"到四川凉山彝族自治州。在八年基层工作中，这位荣家后代经历了上辈人从未经历过的磨炼，他每天和工人、民工摸爬滚打在一起，抬石头，挖土方，搬机器设备，背着氧气瓶（烧焊用）上山下山，爬上半空架设高压电缆，什么粗活重活都干过。一九七二年，荣智健返回北京。

一九七八年夏，随身携带着简单行装和单程通行证，三十六岁的荣智健远离家人，告别妻儿，独闯香江。据《法制生活》的报导，荣智健的第一桶金是这样赚到的：荣家在香港有一些资产，大都是些纺织厂的股份，例如九纱厂、南洋纱厂等。这些纱厂的股份三十年没动过股息，因而积下一笔钱。荣智健就凭着这笔本钱，与堂弟荣智鑫和荣智谦合资在新界大埔开办了爱卡（Elcap）电子厂，最初产品包括电容器、电子手表和玩具等，后来转以生产集成电路和电脑随机存取存储器为主。"初时，我占股本的三分之一，后来工厂赚了钱，我把个人分到的利润再投资进去，令我所占的股权增加到百分之六十，前前后后总共投资了一百多万港元"。荣智健出售爱卡公司时，他个人得到 720 万美元，即是他投资的 56 倍多。该刊物报导，荣智健的第二桶金这样赚到的："作为一个大笨蛋，我当年最大的成功不是爱卡，而是八二年用从爱卡赚的钱在美国搞的一项创业投资。"那年他与原本在 IBM 工作的几个工程师合作在美国加州圣荷西合资创办了加州自动设计公司，那是美国第一家专门从事电脑辅助设计软件的公司，"我的搭档都是这方面数一数二的人才。业务就由他们负责，我仍在香港经营爱卡。"

"最初的投资，包括贷款在内，大约是二百多万美元，我个人占百分之六十。这公司一直在盈利。到了一九八二年底，被一家生产电脑设计硬件的公司收购了百分之二十八，翌年并合并上市，成为美国第一家上市的电脑辅助设备厂商。原来的二百多万美元投资一下子便增值了四十倍。"荣智健还是看好香港，他出售美国公司的六成股权，加上出售爱卡得到的五千六百多万港元，他当时的财产已

由数十万上升到四亿三千万港元，前后不到十年。世界上增值最快的东西可能首推香港的大楼。而荣智健的公司增值速度却比香港的楼市还快。短短的几年时间增值五十六倍，四十倍，好像天方夜谭。一九八六年荣智健加入父亲的中国国际信托投资公司（国有资产），成为中信香港的副董事长兼总经理。

荣智健入主中信香港之后的大手笔是收购国泰航空公司百分之十二点五的股权。香港国泰航空公司是老牌的英资公司，也是世界著名的国际性航空公司。

一九八七年，香港股市、地产及世界航运业尚处于低潮，中信香港经过慎重研究分析，决定收购国泰的部分股权。

荣智健说："我们分析了差不多六个月，觉得国泰的盈利前景看好，经营完善，而且有一支优秀的管理队伍。我就把自己的想法向北京总公司汇报，不到五天就得到批准"。

国务院为此借贷八亿港元，作为中信香港的运作资金。一九八七年二月，香港中信以二十三亿港元收购了国泰航空的百分之十二点五的股权。

一九九〇年，香港中信以五亿港元收购了港龙航空公司的百分之四十六点三的股权。中信香港入主港龙，成了港龙的第一大股东。收购港龙之后，荣智健将部分股权转让给国泰，国泰占大股。港龙的业务委托国泰管理，增添飞机向国泰租用。国泰停飞大陆航线，让给港龙。这样，港龙成了国泰的子公司。

香港中信有史以来最庞大的一项投资，是于九零年以逾一百亿港元收购香港电讯二成股权，成为这家当时香港股票市场市值最大公司的第二大股东。至此，香港中信除了国泰航空的百分之十二点五，香港电讯的百分之二十之外，还拥有港龙航空的百分之三十八点三、香港东区海底隧道的百分之二十三点五、澳门电讯的百分之

二十、亚洲卫星公司的百分之三十三、和记传讯的百分之二、百富勤集团的百分之九、嘉华银行的百分之七十四的股权，另外还有约十亿港元的房地产、一个约三十万吨的船队，还已在内地江苏和内蒙等地投资四至五亿美元建设发电厂，集团资产总值接近二百亿港元。

2008 年 20 日，"5. 12 地震"发生后仅一周时间，为支援灾区抗震救灾、重建家园，中信泰富有限公司董事局主席荣智健先生就通过中央人民政府驻香港特别行政区联络办公室向地震灾区捐款五千万港元。

此前，荣智健先生已向四川地震灾区阿坝藏族羌族自治州和都江堰市各捐款一千万港元。至此，荣智健先生已累计向地震灾区捐款七千万港元。

9. 艾尔·杜邦的故事

艾尔·杜邦，生于法国巴黎塞纳河畔的古都尼摩尔，1789 年举家迁往美国，是美国杜邦公司的最初创建者。

艾尔的父亲皮艾尔·S·杜邦出身贫寒，世代以制造钟表为业，但他具有出色的政治才干，曾活跃于法国的政治舞台，与当时美国的杰斐逊、富兰克林熟识，这对日后杜邦家族在美国的发展影响深远。1789 年路易王朝倒台，杜邦一家只得迁往美国。在美国皮艾尔·S·杜邦实行了几次投资计划均遭失败，这一切直到小儿子艾尔·杜邦火药厂的建立才发生改变。

一次打猎中，艾尔的枪支发生了几次爆炸，这些爆炸激发了艾尔的灵感，他意识到美国火药主要依靠进口，而战争的机会将会使火药前景无限。早在法国，艾尔由于受到父亲的一位朋友——化学家拉瓦锡的影响，对炸药研究十分着迷，并且也熟悉炸药的制作过程，这一切为他的发展提供了基础。艾尔首先获得了美国政府的支持，从法国带来了机械和技师。1840 年，艾尔·杜邦的首批黑色火药制造出来了。由于它色泽鲜艳，爆炸力强，品质不亚于任何欧洲火药，因此获得了大量订单。仅美国海军一下就订购了 2.2 万英镑的火药。1812 年美英战争的爆发使"杜邦火药"名声大振，成为军方首选产品。战后，矿山、道路、港口的长足发展使杜邦火药供不应求，销售额年年上升。1834 年，艾尔去世时，杜邦工厂已经名扬全美了。

艾尔去世后，三个儿子继承了父亲的事业。1846—1848 年的美墨战争使得公司快速发展。1861—1864 年的美国内战时期，支持北方也使得杜邦公司获得军方赞赏，这些战争使得杜邦家族的财富再次获得巨大的增长，为杜邦帝国的建立奠定了基础。艾尔的二儿子亨利曾说过："我们具有全部的决定权，没有任何障碍。从现在起，我们要为全世界制定火药价格。"

就在杜邦家族欣欣向荣时，艾尔的长子阿尔弗莱德的次子拉蒙不慎被炸药炸死，五年后亨利也因病辞世。之后，杜邦家族的继承人改原先伙伴关系为股份关系，按人平均分配股份。在分股份的过程中，为公司做出巨大贡献的拉蒙之子皮艾尔没有得到任何股份，于是他离开了杜邦。艾尔的小儿子阿雷克斯的长子犹仁出任杜邦总裁。犹仁死后，杜邦家族真正经历了一次危机。犹仁死时没留下遗嘱，也未指定继任总裁。家族会议上大家乱成一团，信心不足的董事会最后决定卖掉公司。关键时候，阿尔弗莱德找回了皮埃尔，由皮埃尔负责公司财务，由皮埃尔堂兄科里出任总裁，股东的股权则变成了对杜邦公司的债权。一场危机度过了，历经百年的杜邦公司以昂扬的步伐走入 20 世纪。

杜邦的新一代领导班子身手不凡。他们迅速吞并了另两家火药大公司——拉福林和南德，并将亨利时代杜邦公司与以上两家公司合建的雷伯诺化学公司也收入麾下。但这时公司又陷入了困境，因为原杜邦公司销售人员瓦德尔突然辞职，另立门户，从杜邦公司夺走了不小的市场份额。之后瓦德尔工厂发生不明爆炸，于是瓦德尔状告杜邦公司，在全国引起轩然大波，杜邦公司被分为了三个公司。分割后的杜邦公司依然强大，没多久就控制了那几个公司。1915 年，杜邦公司又起一波。总裁科里宣称将出售手中所有杜邦公司的股票。在当时杜邦公司前景一片光明的情况下，此举确实令人费解。最后杜邦家族决定内部收购，皮埃尔获得了科里的 50% 的股权，他从购买科里的股票交易中净赚了 2000 多万美元。

杜邦公司的皮艾尔时代到来了。火药业使杜邦公司大发战争财，但皮埃尔的助手拉斯科布却居安思危。他认为，战后以火药业为主导的杜邦公司将陷入困境。于是皮埃尔开始了多元化经营。其中之一就是进军汽车业。1920 年杜邦公司掌握了通用汽车公司 23% 的股权，由皮埃尔出任通用董事长，杜邦家族成了美国汽车业新一霸主。同时，皮埃尔还决定杜邦公司进军染料工业、橡胶工业。杜邦尼龙的出现，引发了全世界女性的服装革命。仅以尼龙丝袜为例，该产品上市的头一年就盛况空前，共卖出了 6400 万双，彻底垄断了世界丝袜市场。到现在为止，杜邦公司的经营范围扩展到化纤、医药、石油、汽车等领域。

10. 霍华德·休斯的故事

霍华德·休斯，1805 年 12 月 24 日出生于美国休斯敦，1956 年

4月5日去世。他的父亲是个石油投机商。

霍华德·休斯是美国少有的几个享有世界声望的富豪之一，美国人把他作为一个英雄来看待。他的一生可谓轰轰烈烈，充满了冒险和刺激。最终，经过个人的不懈努力和奋斗，他拥有25亿美元的资产。

休斯16岁时，他的母亲在一次小手术中，因麻醉失败而死在手术台上。两年后，老休斯也死于心脏麻痹，享年54岁。他留下的资产约合75万美元。

葬礼结束后，在处理遗产问题的公听会上，老休斯的亲朋好友们都认为休斯刚满18岁，应该去上大学，他的财产应由他的伯父鲁帕特代管，直到他年满21岁。鲁帕特是一位很有名气的剧作家，也很富有，他并不想争遗产，但他同意亲戚们的意见，认为小休斯还没有掌管财产的能力，应该去上大学。

当法官征求休斯本人意见时，出乎众人的预料，他很坚决地表示不想再读书。一向沉默寡言的他竟滔滔不绝地说出一番道理："根据我父亲的遗书，休斯公司的一半股份归我母亲，这是我父亲在我母亲去世以前立的遗嘱。现在母亲不在人世了，所以母亲的那一份应该由我来继承，剩下的一半，也就是遗产的1/4也是属于我的。最后的1/4才由亲友们均分。我希望他们同意，由我把他们的那一部分全买下来。我要拥有休斯公司百分之百的股份。"

亲戚们全愣了。法官问："你用什么来收购他们的股份？"

"我向银行贷款，用房产做抵押！我已经是成年人，不需要监护人，并可以继任我父亲休斯工具公司的董事长职务。法官先生，是这样吗？"

就这样，年仅18岁的休斯，凭借过人的魄力，在他父亲去世4个月时取得了银行的贷款，用现金买下了亲友们所继承的那部分遗

产，成了休斯公司惟一的主人。

年轻的休斯对电影很有兴趣，休斯公司开始投资电影业，并很快取得了不俗的成绩。

休斯酷爱驾驶飞机，有一次，当他驾着单人操纵的私人飞机在马利布海岸上空盘旋时，突发奇想：拍一部表现空战的片子不是会很受欢迎吗？他想到 1918 年第一次世界大战中，英国空军中校达宁率领 7 架索匹兹骆驼号战斗机，从巡洋舰上起飞，轰炸德军东德伦空军基地。那是一次出色的越洋轰炸，英军只损失 1 架飞机，炸沉了两艘敌舰和两艘飞艇。休斯决定将这次空战搬上银幕。当时还没有表现空战的电影特技，他准备用真正的飞机，拍一部比实战还要刺激还要壮观的空中大战片，片名为《地狱天使》。

为了拍这部电影，他仅飞机使用费就花了 210 万美元，租用了87 架飞机，其中有法国的斯巴达战斗机、英国的 SE5 战斗机、骆驼号轰炸机、德国的佛克战斗机，还有飞行员 135 名，临时演员 2000名，摄影师人数之多几乎占好莱坞摄影师总数的一半。美国电影界都为之震动。

在拍摄过程中，他又突发狂想：要拍德国齐柏林号飞艇袭击伦敦，要将真的飞机在空中被击落。他认为这样才能使观众感到刺激。

他的秘书企图阻止这疯狂的举动："真的要击落吗？就算是中古型的齐柏林飞艇，一艘也不少于 50 万美元呀！"

休斯毫不在乎："是的，就买那种飞艇，然后让它轰轰烈烈地爆炸燃烧。没关系，就这样做。"

拍摄俯冲轰炸场面时，他要求飞行员从距地面 30 米高处冲下去，撞在地面上爆炸燃烧。飞行员没有一个人愿意干，谁都知道那是要出人命的。

没有人愿意冒这个险，休斯说："那么我来飞给你们看！"

他真的上了飞机，而且他的确没有来得及跳出来，当飞机向地面俯冲时，突然翻了个跟头，接着就呼啸坠地。

"休斯死了！"人群中发出一片惊呼。

然而，也许是命运之神特别钟爱这个大胆的年轻人，就在飞机即将燃烧时，休斯居然艰难地从驾驶舱里爬了出来，他的伤势并不太重，只是脸颊骨折，后来留下一块疤。

拍这部片子，休斯花了两年时间，投资 300 万美元。公映后，上座率果然很高。

休斯对飞机非常执迷，在拍《地狱天使》之后，他曾参加了在迈阿密举行的一次全美短程飞行比赛，休斯以 302 公里的时速一举夺冠。可他并不满足于这样的成绩，他的目标是要打破世界纪录。1927 年，美国飞行员林白驾机用 33 小时 30 分飞越大西洋，轰动了世界，被美国人称为"世纪英雄"。休斯为了打破林白创下的纪录，开始致力于新型飞机的研制，他有两位优秀的飞机设计师——帕玛和欧提卡克。他们将未来的飞机命名为 H1。

欧提卡克是一位机械工程师，也热衷于飞行，在拍《地狱天使》时，他是休斯聘用的一名演员，后来得到休斯赏识，被任命为主任设计师。欧提卡克对制造新型飞机有许多大胆的构想，对疯狂追求速度的休斯来说，他是个难得的人才。在那个秘密的飞机制造厂里，他们不断改进飞机的外形，选用性能最好的 1000 匹马力的普拉特·惠特尼引擎，用了 15 个月的时间，终于制造出机身长度为 8.2 米，机翼长 7.6 米的 H1 型单翼飞机。因为机身特别短，谁也不知道它能在空中飞多久，休斯的公司里没有人敢驾机试飞，休斯决定亲自试飞。

1935 年 9 月 12 日，一切准备工作就绪时，日已偏西。负责速度测试的裁判技师建议明天再飞，因为现在接近黄昏，飞行逆光刺眼。

休斯却等不及了，他早已穿上飞行服，跳进机舱，启动了飞机引擎。飞机升空了。

第一次测试速度达到每小时 556 公里。裁判技师通过无线电告诉他：这一次不算，因为违反航空协会的规则，没有做水平飞行。于是，休斯在空中绕了个圈，又做第二次水平飞行。

"世界纪录，时速已达 566 公里！"耳机里传来裁判的叫声。

休斯兴奋极了，没有立刻降落，继续飞，还想创造新的世界纪录。第三次飞却只有 542 公里。他不甘心，再飞一次！

"567 公里。"又是一个新的世界纪录！

休斯脸上露出得意的微笑，却仍不愿停下，又飞第五次、第六次……突然间，引擎停止了工作，他这才发现主油箱已经没有油了。他连忙去按瞬间补油的按钮，可是无济于事，太迟了，发动机已经完全停下来了。

休斯打算以滑翔的方式紧急着陆，但却控制不了飞机，H1 以垂直下落的速度向地面冲去。

这时，天已经暗下来，地面上的航空协会会员们忽然看不见休斯的飞机了，无线电也失去了联系。众人吃惊不小。

休斯竭尽全力，总算控制住飞机，在一片甜菜地里平安迫降了。当航空协会的人赶到那里时，只见飞机完好地躺在那儿，休斯一手拿着笔记本，一手握着铅笔，正得意地从机舱里爬出来。他满面笑容："我创下了世界纪录，难道不是吗？"

直到现在，那架飞机还被保存在华盛顿的斯密生航空博物馆里。

11. 叶斯·路透的故事

叶斯·路透是世界著名的路透通讯社的创始人。今日的路透通讯社与美联社、塔斯社、安莎社鼎足抗衡。但路透在创建路透社的初始阶段所付出的心血，谁又完全知晓呢？

结识大数学家高斯博士

路透的父亲是一个犹太牧师。同别的牧师家的孩子一样，路透从小就过着法规森严的生活。但他丝毫不想继承父业当一名牧师，却痴心想当一位商人。

父亲去世后，他就下决心终止学业而去经商。在哥廷根有一个开银行的表哥，他想求得表哥的帮助。

路透从此开始了他的商旅生涯。他不甘心整天无所事事地呆在表哥的银行里消磨时光，总想找点事干干。于是，他当推销员，当沿街叫卖的小贩，这些都为他积累了丰富的经商经验。

一个偶然的机会，路透对银行的汇兑业务产生了浓厚的兴趣。

当他在表哥的银行里担任汇兑行情业务的工作时，经常在冥思苦想一个问题——怎样才能更快地了解各国外汇行情的状况？

一次，路透去见了大数学家高斯，他发现了高斯在汇兑行情的计算上出了一个大错，并指了出来。这位大数学家不仅坦率地承认了自己的错误，并且称赞了路透的非凡才能，这件事成了他们后来频繁往来的基础。

当时，高斯正埋头于一种划时代的通讯工具——电报机的研制工作。这对一心想要尽快了解外国汇兑行情的路透来说，无疑是个好消息，尽管他们二人对电报机持有截然不同的想法：前者热心于发明创造，后者则侧重于实际价值。

路透参加了高斯的电报机实验，他用心地观察着试验的进展情况，心里却在琢磨着：如果能用这套设备传送消息，便会发生情报革命，其结果有可能为一种新型的电讯活动服务。

没想到，正是路透这么随便一琢磨，竟琢磨出一个世界通讯

王国。

和自己的"老板"竞争

路透从高斯博士那里获益匪浅，他懂得了许多关于电报机的实用化知识与技术。怀着闯天下的雄心，去了德国首都——柏林。

在柏林呆了8年后，他又只身去了巴黎。由于他熟练掌握了英、法、德三种语言，被巴黎最大的通讯社哈瓦斯通讯社聘为翻译。

正式工作之后，路透对哈瓦斯通讯社庞大的通讯网惊叹不已。这家通讯社每天都能收到欧洲各地的主要报纸，从所有报纸中挑选有价值的文章译成法文，作为通讯社的新闻稿，这些新闻稿不仅分送给巴黎的报纸，而且还向国外的客户提供，甚至连俄国也购买哈瓦斯社的稿件。

由于路透努力工作，他很快就熟悉了业务。几个月后，他主动提出了辞呈。

既然译成法文的新闻在政界和财界很受欢迎，为什么自己不能单独经营呢？

第二年春天，路透也搞了一个通讯社，和自己的"老板"哈瓦斯公开竞争。

他的起居室变成了编辑部和印刷厂，社长、总编、发稿主任、翻译、印刷工人、通讯员和收发员，全由路透一人兼任，夫人除了翻译或抄抄写写外，还兼作"厨师"，两人每天东奔西跑，忙得不可开交。

如果走进他们潮湿的起居室，首先映入眼帘的是发了霉的窗帘布和壁炉中尚未燃尽的木炭，剩饭剩菜散落在木炭灰上，他们没日没夜地工作，已无暇顾及生活上的细枝末节了。壁炉墙上镶嵌的大理石板裂痕累累，桌子底下还搭了狗窝。

利用电讯、火车、信鸽和跑步，完成通讯大联合

路透夫妇在离开巴黎两个月后，柏林同比利时交界处的古城亚

琛之间的电报线正式开通。

哈瓦斯是个精明能干的商人，听到了这个消息后，认为有利可图，立即派人前往亚琛调查，结果使他非常震惊，这条电报线的两端已被人捷足先登了，抢他生意的不是别人，正是他以前的部下——路透。

此外，路透还在科隆设立了一个分站，收集德国各地的汇兑和证券交易的行情，再用火车送到布鲁塞尔和安特卫普的订户手中。

当时德国已经有了系统的铁路运输网，有不少人利用火车进行通讯联络工作。路透也充分利用了火车这个工具，有人甚至说："通往亚琛的列车不装上路透的快讯稿件就不开车。"

功夫不负有心人。一段时期后，市场上竟出现了抢购路透快讯的局面。

然而，路透刚喘了口气，分发距离却出了问题：许多订户抱怨他们收到快讯的时间有早有晚太不公平。因为这些快讯大多是重要的市场行情，早点知道自然大有好处。

出现这个矛盾的原因就是由于订户散居各地，住处近的自然要先获得信息。

路透为此想了一个新点子：在分发快讯时，再也不派人送或者邮递，而是把所有的订户都集中在一个大屋内，按时向大家宣布。

1849 年春天，路透的快讯服务已走入正轨。

正在这时，巴黎到布鲁塞尔的电报线开通了。路透很快想到，如果再架设一条从亚琛到布鲁塞尔的电报线，岂不把欧洲两个最大的商业都市柏林和巴黎连结起来了？

然而，亚琛到布鲁塞尔还没有电报线，用最快的交通工具也得花 9 个小时。这种速度显然不适于传送快讯，时间拖久了，柏林到巴黎的消息就变成了旧闻，自然失去了价值。

如何解决这一问题，路透绞尽脑汁设想了多种方案。

用专职邮差、骑马信使和电报线接力的办法都行不通。

怎么办呢？突然，一个新点子浮现在他脑海，他冲着妻子兴奋地喊：

"火车要用9小时，用这个点子，两小时就足够了！"

接着，他滔滔不绝地说明了用信鸽传递稿件的设想。

于是，路透马上向一个酒店老板租了一批信鸽。

每天上午，路透派往布鲁塞尔的工作人员都要向亚琛报告有关信息，做法是：把布鲁塞尔股市收盘价和巴黎发来的最后一封电报的内容都抄在一张薄纸上，然后让鸽子带过来。

这项工作看似简单，其实不然。为了慎重起见，布鲁塞尔要将三份同样的信息绑在鸽子腿上。

在亚琛，路透夫妇和接鸽小组耐心等待鸽子飞回来。信鸽把信息带回来后，立即复写若干份。

复写一定要认真仔细，绝不能出现错字和遗漏。这一工作一般由路透夫人来完成，她字迹工整、娟秀，仿佛印刷的一般，顾客没有挑剔的。

从柏林到巴黎的快报体制，就是由电讯、火车、"跑步者"组成的。路透完成了通讯大联合。

长跑的担子自然而然落到路透肩上，当时33岁的路透，身强力壮，每天坚持跑步把稿子送到电报局。

路透社后来迁居英国，成为英国最大的通讯社。

12. 约翰·摩根的故事

约翰·摩根毫无疑问是华尔街的金融奇才，在其创业的人生道路上，充满了冒险和投机钻营。在帮助法国政府发行公债中，大胆改造，终于创建了金融联合公司"辛迪加"。

摩根的金融管理方法一直延续至今。

与众多白手起家的大财阀的发迹史一样，摩根财产的聚敛，也是先从投机钻营开始的。

1861 年，美国南北战争（又称美国内战，1861～1865 年）爆发，林肯总统颁布了"第一号命令"，实行了全军总动员，并下令陆海军展开全面进击。

摩根与一位华尔街投资经纪人的儿子克查姆商量出了一个绝妙计划。

克查姆说："我父亲在华盛顿打听到，最近北方军队的伤亡惨重！"

摩根敏感的商业神经被触动了：

"如果有人大量买进黄金，汇到伦敦去，会使金价狂涨的。"

克查姆听了这话，对摩根不由得刮目相看。为什么自己就没有想到这点，两人于是精心策划起来——

两人立即行动起来。他们先秘密买下 400—500 万美元的黄金，将其中一半汇往伦敦，另一半留下。然后有意地将往伦敦汇黄金之事泄露出去。这时，估计有许多人都知道北方军队新近战败的消息，金价必涨无疑，那时再把手里的一半黄金以高价抛出去。

当摩根与克查姆"秘密"地向伦敦汇款时，消息走漏了，结果引起华尔街一片恐慌。黄金价格上涨，而且连伦敦的金价也被带动得节节上扬。摩根、克查姆大赚了一把。

1862 年，美国内战正酣。由于北方军队准备不足，前线的枪支弹药十分缺乏。在摩根的眼中，这又是赚钱的好机会。

"到哪才能弄到武器呢？"

摩根在宽大的办公室，边踱步边沉思着。

"知道吗？摩根，听说在华盛顿陆军部的枪械库内，有一批报废的老式霍尔步枪，怎么样，买下来吗？大约5000支。"克查姆又为摩根提供生财的消息了。

"当然买！"

这是天赐良机。5000支步枪！这对于北方军队来说是多么诱人的数字。枪终于被山区义勇军司令弗莱蒙特少将买走了，56050美元的巨款也汇到了摩根的账下。

"这是比南军更可怕的武器。"由于错买了这些废枪，而以渎职罪免去司令职务的弗莱蒙特少将发出了这样的感叹。联邦政府为了稳定开始恶化的经济和进一步购买武器，必须发行4亿美元的国债。在当时，数额这么大的国债，一般只有伦敦金融市场才能消化掉，但在南北战争中，英国支持南方，这样，这4亿美元国债便很难在伦敦消化了。如果不能发行这4亿美元债券，美国经济就会再一次恶化，不利于北方对南方的军事行动。

当政府的代表问及摩根，是否有办法解决。摩根自信地回答："会有办法的。"

摩根巧妙地与新闻界合作，宣传美国经济和战争的未来变化，并到各州演讲，让人民起来支持政府，购买国债是爱国行动。结果4亿美元债券奇迹般地消化了。

当国债销售一空时，摩根也理所当然名正言顺地从政府手中拿到了一大笔酬金。

舆论界对于摩根，开始大肆吹捧。摩根成了美国的英雄，白宫也开始向他敞开大门，摩根现在可以以全胜者姿态出现了。

1871年，普法战争以法国的失败而告终。法国因此陷入一片混乱中。给德国50亿法郎的赔款，恢复崩溃的经济，这一切都需要有

巨额资金来融通。法国政府要维持下去，它就必须发行 2.5 亿法郎的巨债。摩根经过与法国总统密使谈判，决定承揽推销这批国债的重任。那么如何办好这件事呢？

能不能把华尔街各行其是的所有大银行联合起来，形成一个规模宏大、资财雄厚的国债承购组织——"辛迪加"？这样就把需要一个金融机构承担的风险分摊到众多的金融组织头上，这 5000 万美元，无论在数额上，还是所冒的风险上都是可以被消化的。

当他把这种想法告诉亲密的伙伴克查姆时，克查姆大吃一惊，连忙惊呼：

"我的上帝，你不是要对华尔街的游戏规则与传统进行挑战吧？"

克查姆说的一点也不错。摩根的这套想法从根本上开始动摇和背离了华尔街的规则与传统。不，应该是对当时伦敦金融中心和世界所有的交易所投资银行的传统的背离与动摇。

当时流行的规则与传统是：谁有机会，谁独吞。自己吞不下去的，也不让别人染指。各金融机构之间，信息阻隔，相互猜忌，互相敌视。即使迫于形势联合起来，为了自己最大获利，这种联合也像春天的天气，说变就变。各投资商都是见钱眼开的，为一己私利不择手段，不顾信誉，尔虞我诈。闹得整个金融界人人自危，提心吊胆，各国经济乌烟瘴气。当时人们称这种经营叫海盗式经营。

而摩根的想法正是针对这一弊端的。各个金融机构联合起来，成为一个信息相互沟通、相互协调的稳定整体。对内，经营利益均沾；对外，以强大的财力为后盾，建立可靠的信誉。他要克查姆把这消息透漏出去。

正如摩根所预料的那样，消息一传出立刻如在平静的水面投下一颗重磅炸弹，引起一阵轩然大波。

"他太胆大包天了！"

"金融界的疯子!"

摩根一下子被舆论的激流卷入这场争论的漩涡中心,成为众目所视的焦点人物。

摩根并没有被这阵势吓倒,反而越来越镇定,因为他已想到这正是他所预期的,机会女神正向他走来。

在摩根周围反对派与拥护者开始聚集,他们之间争得面红耳赤。而摩根却缄口不言,静待机会的成熟。

《伦敦经济报》猛烈抨击道:"法国政府的国家公债由匹保提的接班人——发迹于美国的投资家承购。为了消化这些国债想出了所谓联合募购的方法,承购者声称此种方式能将以往集中于某家大投资者个人的风险,透过参与联合募购的多数投资金融家而分散给一般大众。乍看之下,危险性似乎因分散而减低,但若一旦发生经济恐慌时,其引起的不良反应将犹如排山倒海快速扩张,反而增加了投资的危险性。"

而摩根的拥护者则大声呼吁:"旧的金融规则,只能助长经济投机,这将非常有害于国民经济的发展,我们需要信誉。投资业是靠光明正大获取利润,而不是靠坑蒙拐骗。"

随着争论的逐步加深。华尔街的投资业也开始受到这一争论的影响,每个人都感到华尔街前途未卜,都不敢轻举妄动。

在人人都感到华尔街前途未卜,在人人都感到华尔街不再需要喧闹时,华尔街的人们开始退却。

"现在华尔街需要的是安静,无论什么规则。"

这时,人们把平息这场争论的希望寄托于摩根,也就是此时,人们不知不觉地把华尔街的指挥棒给了摩根。摩根再次被机会女神青睐了。摩根的战略思想,敏锐的洞察力、决断力,都是超乎寻常的。他能在山雨欲来风满楼的情形下,表现得泰然自若,最终取得

胜利。这一切都表明，他的胜利是一个强者的胜利，而不仅仅是利用舆论的胜利。

摩根作为开创华尔街新纪元的金融巨子，他一生都在追求金钱中度过，他赚的钱不下百亿，但他死后其遗产只有 1700 万美元。

摩根从投机起家，却对投机深恶痛绝，并针对华尔街的这一弊端加以改造，创造了符合时代精神的经营管理体制。他为聚敛财富而不择手段，而他却又敬重并提拔待人忠诚的人。

摩根在他 76 岁生日时逝去，他成功的经营战略，至今仍影响着华尔街。

13. 岩崎弥太郎的故事

岩崎弥太郎是日本"第一财阀"三菱集团的创始人，他幼时生活在下层社会，由下级官员开始，逐步走上了经商的道路。由于经营官方的"土佐商会"成绩卓著，后来他买下了商会，并改名为"三菱商会"，从事船运业。几经周折，三菱不断壮大，已拥有 61 艘汽船，占日本全国汽船总吨位的 73%，成为海上霸王。岩崎弥太郎因病去世后。其弟弟岩崎弥之助继承了家业，使三菱又由"海上王国"变成了"陆上王国"。到 1970 年，三菱垄断集团 44 个公司的总资产已占日本全部企业总资产的 1/10，被称为日本"最强最大的企业军团"。

1834 年 12 月 11 日，岩崎弥太郎出生在四国安艺郡井口村的一个"地下浪人"的家庭。

1869 年 1 月，因长崎土佐商会已被封闭，弥太郎由长崎调至土佐藩开成馆大阪商会，7 月被任命为开成馆代理干事。

1870 年，土佐藩基于财务困难，决定缩小"大阪商会"。也正是这一年，明治维新政府认为藩营事业会压迫民间企业，决定大举废止藩营事业。弥太郎在这一年 9 月来到东京，与后藤等商谈，决定 9 月底"大阪商会"脱藩自立，以"土佐开成商社"这一民间商社的名义继续营运。但是新商会在正式开张时，商号却不叫"土佐开成商社"，而称"九十九商会"。这个商号取名于土佐九十九湾。

1872 年 1 月，"九十九商会"改为"三川商会"。1873 年 3 月，弥太郎又将"三川商会"改名为"三菱商会"，正式向各界表明，三菱商会是他个人的企业。

三菱商会拥有原来隶属于藩的商会财产以及汽船 6 艘、拖船 2 艘、库船、帆船、脚船各 1 艘。弥太郎长久以来在官场服务，虽无大过，但也无所建树。回想过去，弥太郎感慨万千，他决心脱下官服，专心从事海运事业，准备大于一番，希望有所作为。

1869 年，涉泽荣一被任命为大藏角租税正（官员），即现在的国税局长。当时，涉泽才 30 岁，他的上司是比他小一岁的伊藤博文。但是，涉泽在大藏省工作时，和他最默契的上司却是井上馨。

1870 年 1 月，涉泽等组织的邮政蒸汽公司成立后，毫不客气地把许多民间的弱小船运公司挤到破产的边缘，弥太郎的公司也受到很大的冲击。

1873 年日本发生政变，一直庇护三井、支援邮政蒸汽分社的井上馨等长州派政治家逐渐失势。结果，井上辞去内阁职务，涉泽也跟着辞职。11 月，大久保利通被任命为内务大臣。

1874 年，日本出兵侵略大清帝国的台湾岛。弥太郎积极向大久保利通请示承揽一切军需输送工作。大久保利通同意以 771 万日元为政府购得 13 艘汽船，托与三菱。从这个时候开始，涉泽的邮政蒸汽公司与三菱商会的地位就颠倒过来了。侵台之役后，被邮政蒸汽

公司视为命脉的补助金也被停掉。政府将邮政蒸汽公司的 *18* 艘船以 *225* 万日元买下，连同政府所有的 *13* 艘几乎不要代价地借给三菱商会。另外，政府又在 *1875* 年 *9* 月 *15* 日发布命令：每年给予三菱 *25* 万日元补助金。

1877 年，三菱共拥有 *61* 艘汽船，吨位高达 *35464* 吨，占日本全国汽船总吨数的一半以上，三菱公司一跃成为海上霸王。

从此，弥太郎以汽船为中心，将事业范围扩大到汇兑业、海上保险业、仓储业等。在三菱公司进行押汇的货物都由三菱的船只来运送，由三菱负责保险，收在三菱仓库之中。于是，三菱的汇兑、保险、运输、仓储等方面的利润都成倍地增长，呈现出一派蒸蒸日上的景象。

与三菱公司相反，昔日对三菱不屑一顾的三井物产公司，在三菱的迅速扩张中受到猛烈的冲击。

正当三菱独霸海运，业务如日中天之际，涉泽荣一与三井物产公司的董事长益田孝商量，纠集敌视三菱的地方船只、批发商、货主，采取涉泽最擅长的合股方式，创立一家大型海运公司，企图对"骄恣"的弥太郎进行反击。

他们成立的新公司取名"东京风帆船会社"，投入资金 *36.6* 万日元，董事长预定由海军上校远武秀行担任，头取（相当于总经理）由涉泽荣一的堂弟涉泽喜作担任。

面对来势凶猛的威胁，岩崎弥太郎也未敢怠慢。他迅速召开会议寻求对策。

在真真假假的舆论攻势面前，涉泽在米业及银行上早已一天不如一天，如第一国立银行、抄纸公司等都连连亏损，加上谣传四起，更使涉泽等人陷入进退维谷的局面。

另外，弥太郎还开始秘密收购涉泽与三井派合股创立的东京股

票交易所的股票。弥太郎绞尽脑汁收购股票的策略成功，涉泽荣一的堂弟涉泽喜作被迫辞去头取之衔。

涉泽虽在与三菱的竞争中败得一塌糊涂，却未彻底垮台，随着局势的发展，意外地得到了卷土重来的契机。

1881 年，大久一派的当权者大阪重信被反对派排挤，被迫下台，而弥太郎的支持者大久保利通也被杀。明治政府内部已无人能帮助弥太郎的三菱。而与三井息息相关的井上、同县及伊藤等长州人物开始掌权。下野的大阪组织改进党与政府相抗衡，弥太郎鼎力支持大阪的反政府运动。于是，形成"长州藩阀政府加三井"的联盟对抗"大阪的改进党加三菱"的局面。

对弥太郎而言，真正的龙争虎斗才刚开始。

就在政坛斗争激烈，陷入一片混战之时，涉泽荣一再度活跃起来。他指使心腹田口卯吉在《东京经济杂志》上发表了一篇名为《论三菱公司的补助金》的攻击性文章。由于涉泽的推波助澜，三菱越来越处于不利的地位。明治当局看到，若是弥太郎的财力和大阪的行动结合在一起，图谋颠覆政府，那将是一件最可怕的事。1882 年，明治当局计划成立一个打垮弥太郎三菱公司的大海运公司，由涉泽出面，井上赞助、农商大臣品川负责指挥。

弥太郎在政府这一计划出台前得到消息，立即提出"意见书"阻止，然而政府却以一篇《辨妄草案》的长文加以驳斥。

就这样，规模空前的大公司——共同运输公司按计划成立了。

这个公司采取涉泽最擅长的合股形式，其中 260 万日元由政府投资，其余由三井集合民间游资形成，共计总创业资本为 600 万日元。

两家公司为了抢乘客，抢业务，几乎是"不择手段"——共同公司企图通过附赠礼品来吸引乘客；三菱公司也不甘示弱，不惜把

船费降到不能再降的地步。

后来，两家公司的竞争演变为降价竞争。最高兴的还是乘客和货主们，他们甚至威胁说：

"你们不多打折扣，我就去坐别家的船。"

在危机四伏的情况下，弥太郎以坚定的信念、过人的谋略与共同公司角逐。

他既重视对方的变化，以便采取相应的对策，也非常注意内部整顿。他将公司重新改组，精简人员，削减开支，采取战斗到底的姿态。他的心腹近藤廉平（后来的日本邮船社长）利用公司便笺写私信，弥太郎发现后立刻给予处分：从他月薪（70元）中扣除15元钱。

当时有人讽刺说：

"近藤使用一张纸花了15元，近来物价实在太贵。"

尽管有人觉得弥太郎对属下太苛刻了，但他的办法的确使三菱走出了危机。

1884年，三菱每吨汽船的平均收入为100元。

与共同公司的竞争，三菱虽获得了胜利，却使它元气大伤，三菱不得不停止香港至琉球间的航线，连三菱汇兑所也被迫停业。而共同公司也筋疲力尽，其股票在1884年下半年已陷入毫无红利的窘境，股价落到面额的2/3以下，持股人争相抛售。弥太郎抓住机会，秘密收购这些抛出的共同公司股票。到1884年末，弥太郎已控制了过半数的股权。

1885年2月7日，岩崎弥太郎因饮酒过量，再加上日夜劳心，胃癌难愈，终于带着无限遗恨撒手西归了。他弟弟岩崎弥之助继承了他未竟的事业。

1885年10月1日，两家公司合并成立日本邮船公司。共同公司

出资 *600* 万，三菱公司出资 *500* 万。由于共同公司股份分散，加上许多股票早已被三菱秘密收购，实际的权力便掌握在弥之助手中，后来，这家新公司终于成为日本最大的公司。

14. 安德鲁·卡内基的故事

安德鲁·卡内基，*1835* 年出生于英国英格兰的登弗梅林。他是一位白手起家的美国钢铁大王、哲学家和慈善家，受到了世人的广泛瞩目，在美国任何一个城市中，都有以他为名的图书馆。

1872 年，他创办属于自己的钢铁厂，成为美国近代企业史上最有影响力的"钢铁大王"、亿万富翁。*1985* 年，美国评选历史上对美国社会影响最大的 *10* 名企业家中，卡内基列"汽车大王"亨利·福特、"石油大王"约翰·洛克菲勒之后，位居第三！

1865 年，美国南北战争宣告结束。北方工业资产阶级战胜了南方种植园主，但林肯总统被刺身亡。

全美国沉浸在欢乐与悲痛之中，既为统一美国的胜利而欢欣鼓舞，又因失去了一位可敬的总统而无限悲恸。

可是，卡内基在此时看到了另一面。

他预料到，战争结束之后，经济复苏必然降临，经济建设对钢铁的需求量便会与日俱增。

于是，他义无反顾地辞去铁路部门报酬优厚的工作，合并由他主持的两大钢铁公司——都市钢铁公司和独眼巨人钢铁公司，创立了联合制铁公司。

同时，卡内基让弟弟汤姆创立匹兹堡火车头制造公司和经营苏必略铁矿。

上天赋予了卡内基绝好的机会。

美国击败了墨西哥，夺取了加利福尼亚州，决定在那里建造一条铁路，同时，美国规划修建横贯大陆的铁路。

几乎没有什么比投资铁路更加赚钱了。

联邦政府与议会首先核准联合太平洋铁路，再以它所建造的铁路为中心线，核准另外三条横贯大陆的铁路线。

但一切远非如此简单，各种铁路建设申请纷纷提出，竟达数十条之多，美洲大陆的铁路革命时代即将来临。

"美洲大陆现在是铁路时代、钢铁时代，需要建造铁路、火车头和钢轨，钢铁是一本万利的。"卡内基这么思索着。

不久，卡内基向钢铁发起进攻。

在联合制铁厂里，矗立起一座 22.5 米高的熔矿炉，这是当时世界上最大的熔矿炉。对它的建造，投资者都感到提心吊胆，生怕将本赔进去后根本不能获利。

但卡内基的努力让这些担心成为杞人忧天，他聘请化学专家驻厂，检验买进的矿石、灰石和焦炭的品质，使产品、零件及原材料的检测系统化。

在当时，从原料的购入到产品的卖出，往往显得很混乱，直到结账时才知道盈亏状况，完全不存在什么科学的经营方式。卡内基在经营方式上大力整顿，贯彻了各层次职责分明的高效率的概念，使生产力水平大为提高。

同时，卡内基买下了英国道兹工程师"兄弟钢铁制造"专利，又买下了"焦碳洗涤还原法"的专利。

他这一做法不乏先见之明，否则，卡内基的钢铁事业就会在不久的经济大萧条中成为牺牲品。

1873 年，经济大萧条的境况不期而至，银行倒闭、证券交易所

关门，各地的铁路工程支付款突然被中断，现场施工戛然而止，铁矿及煤矿相继歇业，匹兹堡的炉火也熄灭了。

卡内基断言：

"只有在经济萧条的年代，才能以便宜的价格买到钢铁厂的建材，工资也相应便宜。其他钢铁公司相继倒闭，向钢铁挑战的东部企业家也已鸣金收兵。这正是千载难逢的好机会，绝不可以失之交臂。"

在最困难的情况下，卡内基却一反常人之道，打算建造一座钢铁制造厂。

在卡内基的劝说下，股东们同意发行公司债券。

工程进度比预定的时间稍为落后。1875 年 8 月 6 日，卡内基收到第一个订单，2000 根钢轨。熔炉点燃了。

1890 年，卡内基吞并了狄克仙钢铁公司之后，一举将资金增到2500 万美元，公司名称也变为卡内基钢铁公司。不久之后，又更名为 US 钢铁企业集团。

致力于慈善事业与世界和平

卡内基的后半生，主要致力于慈善事业与世界和平。

卡内基 33 岁那年，就在日记上写了下面的一段话："对金钱执迷的人，是品格卑贱的人。如果我一直追求能赚钱的事业，有一天自己也一定会堕落下去。假使将来我能够获得某种程度的财富，就要把它用在社会福利上面。"

1900 年，年逾花甲的卡内基已经功成名就，他踌躇满志，决定心安理得地退休，用自己的巨额财富去做他早已想做的事情。这一年，他在《财富的福音》一书中宣布："我不再努力挣更多的财富。"于是，他毅然从他那蓬勃发展的钢铁事业中引退，以 5 亿美元的价格将卡内基钢铁公司卖给金融大王摩根。然后，开始实施他的

把财富奉献给社会的伟大计划。

1901 年，即卡内基引退后的第一年，他首先拿出 500 万美元为炼钢工人设立了救济和养老基金，以向帮助他取得事业成功的员工们表示感谢。接着，为帮助有志上进而家境贫穷的年轻人，他当年在纽约市捐款建立了 68 座图书馆。这项图书馆建设事业持续了 16 年，他总共捐资 1200 万美元，兴办图书馆 3500 座。

第二年，他捐款 2500 万美元，在华盛顿创立"卡内基协会"，由美国国务卿约翰任会长，主要用来发展科学、文学和美术事业。该协会曾建造一艘"卡内基号"海洋调查船，修正了世界航海图。此外，还在加州山顶上建造威尔逊天文台来观察太空。对这个协会，卡内基在随后的一些年里一再追加资金，累计捐款达 7300 万美元。

与此同时，卡内基在他的第二故乡匹兹堡创办了"卡内基大学"。后来，又在美、英各地捐资创办了各种学校和教育机构。这类用于建造教育设施的捐款，达 9000 万美元之巨。

在随后的几年中，卡内基又设立了若干项基金。他捐资 500 万美元，设立"舍己救人者基金"，对在突发事件中为救助他人而牺牲或负伤的英雄及其家属予以奖励或救济。他捐资 3900 万美元，设立"大学教授退休基金"，以保障教育家的晚年生活。他还设立了"总统退休基金"和"作家基金"，对美国总统或作家的晚年给予资助。此外，他向 11 个国家提供了"卡内基名人基金"，并以 1000 万美元设立"卡内基国际和平财团"，专门资助为世界和平做出贡献的人们。

15．约翰·洛克菲勒的故事

约翰·洛克菲勒，1839 年 7 月 8 日出生，1937 年 5 月 23 日，98

岁的洛克菲勒在他的奥尔蒙德海滩别墅里去世。他出生于美国纽约州哈得逊河畔一个名叫杨佳的小镇的一个小商人家庭。在他漫长的一生中，人们对他毁誉参半，有人认为他只不过是极具野心、惟利是图的企业家，也有人称赞他是个慷慨的慈善家。但不管怎样，作为美国历史上第一个10亿富翁，作为石油巨子，他在相当一段时期控制着全美国的石油资源，并创建了托拉斯企业制度，在美国资本主义经济发展史上占有重要的一席之地。

洛克菲勒14岁那年，在克利夫兰中心中学上学。放学后，他常到码头上闲逛，看商人做买卖。有一天，他遇到一个同学，两人边走边聊起来。那个同学问："约翰，你长大后想干什么？"年轻的洛克菲勒毫不迟疑地说："我要成为一个有10万美元的人，我准会成功的。"

中学毕业后，洛克菲勒便决定放弃升大学，到商界谋生。为了寻找工作，他在克利夫兰的街上跑了几个星期，拿定主意要找一个前程远大的职业。他的眼光颇高。他后来回忆道："我上铁路公司、上银行、上批发商那儿去找工作，小铺小店我是不去的。我可是要干大事的。"

1855年9月的一天，他在一家经营谷物的商行当上了会计办事员。从此，这个日子就成了他个人日历中的喜庆纪念日，他把它作为第二个生日来庆祝。"就在那儿，我开始了学做生意的生涯，每周工资是4美元。"他追忆道。

他工作勤勤恳恳，不久就养成了对数字的好眼光。他除了记好账外，还为商行的经营出主意。有一次，商行买入一批大理石，打开包装后竟发现高价购进的大理石材上有瑕疵，商行老板沮丧而又无计可施。这时，头脑灵活的洛克菲勒建议把责任推到负责运货的3家运输公司头上，向这3家公司分别提出赔偿损失的要求。这个绝

妙的主意使商行得到的赔款比原来高出两倍，商行由此得到一笔"飞"来的横财。洛克菲勒这种天生的经商才能颇得老板赏识，很快给他提了薪，工作第一年他挣得了300美元。

第三年他的年薪提到600美元。但他知道自己对这家商行的贡献远不止此，因此要求加薪到800美元，结果遭到拒绝。洛克菲勒断然决定离开这家商行，自闯天下。

在美国宾夕法尼亚州发现石油以后，成千上万人像当初采金热潮中一样拥向采油区。一时间，宾夕法尼亚土地上井架林立，原油产量飞速上升。洛克菲勒也加入淘金队伍，并成为一名经纪商。

克利夫兰的商人们对这一新行当也怦然心动，他们推选洛克菲勒去宾州原油产地亲自调查一下，以便获得直接而可靠的信息。

经过几日的长途跋涉，洛克菲勒来到产油地，眼前的一切令他触目惊心：到处是高耸的井架、凌乱简陋的小木屋、怪模怪样的挖井设备和储油罐，一片乌烟瘴气、混乱不堪。这种状况令洛克菲勒多少有些沮丧，透过表面的"繁荣"景象，他看到了盲目开采背后潜在的危机。

冷静的洛克菲勒没有急于回去向克利夫兰的商界汇报调查结果，而是在产油地的美利坚饭店住了下来，进一步做实地考察。他每天都看报纸上的市场行情，静静地倾听焦躁而又喋喋不休的石油商人的叙述，认真地做详细的笔记。而他自己则惜字如金，绝不透露什么想法。

经过一段时间考察，他回到了克利夫兰。他建议商人不要在原油生产上投资，因为那里的油井已有72座，日产1135桶，而石油需求有限，油市的行情必定下跌，这是盲目开采的必然结果。他告诫说，要想创一番事业，必须学会等待，耐心等待是制胜的前提。

果然，不出洛克菲勒所料，"打先锋的赚不到钱"。由于疯狂地

钻油，导致油价一跌再跌，每桶原油从当初的 *20* 美元暴跌到只有 *10* 美分。那些钻油先锋一个个败下阵来。

3 年后，原油一再暴跌之时，洛克菲勒却认为投资石油的时候到了，这大大出乎一般人的意料。他与克拉克共同投资，与一个在炼油厂工作的英国人安德鲁斯合伙开设了一家炼油厂。安德鲁斯采用一种新技术提炼煤油，使安德鲁斯—克拉克公司迅速发展。

这时，洛克菲勒虽然才二十出头，但做生意已颇为老练。他欣赏那些得冠军的马拉松选手的策略，即让别人打头阵，瞅准时机给他一个出其不意，后来居上才最明智。他在耐心等待，冷静观察一段时间后，决定放手大干了。

抓住对手的弱点，进行反击

1870 年初，以洛克菲勒为首的标准石油公司正式成立。随后，洛克菲勒控制了石油价格和石油运输价格，开始实行无情的垄断。而这一切对众多的中小业主来说，无疑是飞来横祸。

面对死亡的威胁，不甘被吞并的中小业主奋起抗争。他们在年仅 24 岁的亚吉波多的领导下，组织了生产者联盟，以武力封锁原油产地，暂时停止了石油生产和输出。因为南方石油公司的 *12* 家大企业都是以炼油为主的公司，生产者联盟试图以断绝其原油供应为武器，打破洛克菲勒和铁路公司的垄断。

中小业主的抗争得到了舆论界的有力支持。洛克菲勒被舆论界骂得体无完肤。铁路业巨头们与石油原产地的中小业主们签订了公平公开的运费协定。生产者联盟取得初步胜利，洛克菲勒的失败似乎已成定局。

然而野心勃勃的洛克菲勒并没有就此罢休。他认为，只要抓住石油原产地中小业主的弱点，进行反击，定能分化同盟，反败为胜。

所以，当亚吉波多领导的生产者同盟一再强调，倘若油价达不到他们所要求的"每桶4元"的生命线，他们绝不解除大封锁时，洛克菲勒向石油原产地的中小业主抛出了诱饵，他宣布将以每桶4.75美元的价格购买原油。

4.75美元，这个大大高于生产者同盟"生命线"的价格，不费吹灰之力就击破了亚吉波多苦心组织的武装封锁。

同时，洛克菲勒还派出大批采购人员，怀揣现金，深入石油产地，向中小业主收购原油，并散布"好消息"："标准石油公司每天将以现金收购150叭桶原油，每桶价格4.75美元。"

虽然亚吉波多等人大声疾呼，拼命劝说："洛克菲勒是条大蟒蛇，大家千万不要上当！"但是4.75美元的价格，对于为实行大封锁已停工40天的各企业来说，实在是"挡不住的诱惑"。

于是，有人背着生产者同盟，悄悄开采原油；接着就有人公开与标准石油公司签订合约。生产者同盟名存实亡，大封锁无法维持下去了，石油原产地的中小业主掀起了向标准石油公司出售原油的热潮。

为获取厚利，各公司疯狂开采，日产量达到5000桶，已严重过剩。

两星期后，洛克菲勒向各中小业主宣布：

"供过于求的状况已打破历史上的最高纪录，对此你们应当承担责任。我们没有必要再以每桶4.75美元收购原油，现在我出的价钱是2.5美元，到下星期如果每桶高于2美元，我们就不买了。"

几句话就打破了中小业主的美好希望，但是，生产者同盟已经解体，石油产量严重过剩，他们除了接受洛克菲勒的低价钱外，还有什么别的选择呢？

洛克菲勒就这样奇迹般地反败为胜了。他之所以能够成功，关键在于他能洞悉对手的弱点，并诱之以利，使对方阵营内部发生分

化，终于一举获胜。

16. 约瑟夫·普利策的故事

约瑟夫·普利策于 1937 年 4 月 10 日出生在匈牙利边塞城镇马科的一个小康之家。父亲菲利普是匈籍犹太人，母亲路易斯·伯杰为奥籍日耳曼人。1853 年全家迁往布达佩斯，在那里小普利策受到良好的家庭和学校教育。

1868 年，是普利策命运重要转折的一年。他被在圣路易斯图书馆结识的德文报纸《西方邮报》的老板卡尔·舒尔茨聘为该报记者。

普利策很崇敬《纽约论坛报》主编霍斯勒·格里利和他的社会改革思想。1872 年格里利竞选总统，普利策和《西方邮报》的业主舒尔茨一起，在密苏里州德语地区到处为格里利做竞选演说。但这次选举以格里利失败而告终。普利策利用选举后《西方邮报》股东人心涣散之际，以低价购买了该报的部分股票，之后以 3 万美元高价出售，转手间赚了一大笔钱。1874 年，他又以同样手法买下破了产的《密苏里国家报》，稍加修改后卖给了《环球日报》，又从中获利 2 万多美元。

创办于 1864 年的《圣路易斯电讯报》在前几任老板控制下连年亏本，被迫宣告破产，进行拍卖。普利策以 2500 美元的价格购得《电讯报》，31 岁的普利策至此才算有了自己的报纸。在把《电讯报》抓在手中的同时，他对当地报业市场做了精细调查。他发现当地另一家竞争对手《邮报》也处于困难之中。经与《邮报》老板商议，以对等的条件，实现了《电讯报》和《邮报》的合并，改为晚刊《邮讯报》。将近一年后，普利策又购买了原《邮报》老板的股份，成为《邮讯报》的独资者。

雄心勃勃的普利策为打开合并后的局面，首先打出了"超党派"的"独立"旗帜。他在《邮讯报》创刊时宣布：《邮讯报》将不为政党，而为人民服务，不是共和党的而是真理的喉舌，不支持"行政当局"，而对它进行批评；反对所有的欺诈和骗局，不管它们发生于何处，属于何种性质；提倡原则与理想，而不提倡偏见与党派性。在办报的具体实践方面，普利策的《邮讯报》一开始就进行各种"社会运动"，致力于"医治各种弊端"，诸如无赖政客、有钱的偷税者、受警察保护的赌博集团和营私舞弊的公用事业等成为其主要抨击对象。普利策这些做法固然一方面是为了实现他多年来渴望改革不平等社会现状的夙愿；另一方面，主要是为了扩大报纸销量，获得更大的利润。正因为如此，普利策同当时的一般资产阶级报人一样，常常乞求于"煽情主义"的新闻报道手段，招徕读者。

《邮讯报》迅速取得进展。与它竞争的《明星报》倒闭后，《邮讯报》有一段时间成为圣路易斯城惟一的英文晚报。到 1879 年底，其发行量达到 4984 份。广告收入也相当可观，普利策把版面扩大 1 倍，改成 8 版。普利策精力充沛，工作热情，深入编辑室，充分发挥雇员的能力、特长，并且在他的职工中不断扩大分配所得利润。这些措施激发了员工的干劲，《邮讯报》也越来越吸引读者，1881 年 3 月发行量上升到 1．2 万份，在以后 18 个月中又猛增到 2．23 万份，1881 年盈利即达 8．5 万美元。《邮讯报》的声望日益提高，足以与当地有影响的实力雄厚的《密苏里共和党人报》和《环球民主党人报》等日报相抗衡。

1883 年，《纽约世界报》（注：下面简称为《世界报》）标价 50 万美元寻求买主，经过一番讨价还价，普利策最后以 34．6 万美元的价格将其买下。交接手续完成后，普利策即投入《世界报》的改造

工作。编辑部暂时仍租用原《世界报》大楼，但普利策却要使《世界报》以新的光彩呈现在世人眼前。他在发刊词里宣称：《世界报》从即日起，要置于与过去完全不同的经营管理之下。《世界报》将以新的宗旨、方针、信息和兴趣面向其读者。普利策不是一个革命家，并不赞成社会主义，但从开始办报起，一直热衷于在资本主义制度范围内进行有限度的改革。《世界报》揭示穷苦者恶劣的居住环境，列举出婴儿死亡的统计数字，报道很多人过圣诞节没有面包，提到破旧的卫生设施无人检查和修理。

《世界报》的发刊词和社论宣布的"十大纲领"引起了人们对该报的注意和尊敬。该报也在社论和新闻中不断揭露贪污，攻击不正当的财富，发动社会运动改革社会弊端，但是《世界报》在转入普利策之手后迅速打开局面，更重要原因还是他在《邮讯报》已经采用过的方法，大量刊登耸人听闻的刺激性报道。

法国《费加罗报》主编威尔梅桑曾说，报纸"每天要把一块石头投入池塘"。普利策也信奉同样的办报哲学。他说，报纸要发表独家新闻。"在我看来，如果报纸只依靠现成的随手拈来的消息，是不会成功的。我们的报纸每天至少要有一条独特的新闻，每一期都要有一条爆炸性新闻。要提前准备，不要守株待兔。"

普利策意识到自己喜爱有声有色的故事和新闻，难免会助长他的记者、编辑们添油加醋的作风，因而他常常提醒工作人员要尊重事实。在他的命令下，城市版编辑室的墙上贴着大标语："精确，精确，再精确。"如果一个记者说 1 万人参加了集会，实际上只有 5000 人到会；说一场大火损失了 20 万美元，实际数字却是 7.5 万美元，这个记者就会受到斥责和罚款。

《世界报》的销量不断上升。3 个月后，报纸的发行量增加了两倍，达到 3.9 万份。1887 年初，销售超过 25 万份。同年，《世界报》

以 250 万美元，在法兰克福街海德公园旁，盖了当时纽约最高最引人注目的大楼，供《世界报》晨刊、晚刊和星期日刊办公所用。在这座镀金圆屋顶大楼里，安装了最新式的印刷机器。这一年该报已拥有职工 1300 人。1893 年《世界报》资产为 1000 万美元。它已成为巨大的资本主义企业。

《世界报》的篇幅不断扩大。该报原为对开 8 版，后增至 12 版以及 16 版，报价仍维持 2 美分。这是由于广告收入增加的缘故，可以用广告费补贴成本。《世界报》星期日版初为 20 版，后增至 40 版，出版 10 周年纪念号为 100 版，25 周年纪念号为 200 版，开美国报纸巨大篇幅之先河。

从业人员在《世界报》工作是颇不容易的。普利策对他们很苛求。他要求他们忠心耿耿为《世界报》服务，而且出色地完成任务。如果有谁违反他的意志，他就会调动其工作，甚至将其解雇。但普利策也时时不忘"犒劳"其部下。他付给他的雇员的工资差不多是纽约报界最高的。为他出谋划策的《世界报》主要工作人员的收入极其丰厚。对《世界报》做出任何贡献的人，普利策一律发给奖金，有时还提高工资。他为在《世界报》上发表的好新闻、标题、社论，标出了奖赏的金额。此外，他还建立了《世界报》建房与贷款协会，帮助他的雇员购买住房；买下半个霍布肯公园作为《世界报》雇员们及其家属的游乐场地。

普利策在接办《世界报》后，不单是对雇员们提出了严格的要求，他自己也经常处于超负荷工作状态之中。他亲自过问各种事情，在编辑部里，他不断同编辑、记者研究新闻报道、版面安排及社论撰写。过度的劳累使他的健康迅速恶化。视力衰退以致最后双目失明，外加极度神经衰弱，经受不起一点轻微的声音，否则就会刺激得头痛难忍。从 1890 年后，他名义上宣布了"退休"。但是，"身病而心不

闲"，有着顽强的事业心的普利策是不肯真正放下《世界报》的。事实上直到他去世之前，他一直保持着对《世界报》的控制与指挥。他不断地在海上旅行，几名有才干的秘书，帮助他处理信件，给他朗读新闻电讯及书刊上重要内容，每天向他介绍全世界发生的各种事情。据统计，在他失明的21年中，他的秘书光书籍一项，每年要向他念近100本。他尤其喜爱传记文学，"读"了很多拿破仑的传记。他最中意的书籍是麦克利的《论说文》，其中的精彩段落，他让人多次朗读，最后他能流利地把它们背诵出来。他和他的秘书们谈论他想到的一切题目。他常常从他的豪华的"自由号"游艇里，口授各种指示、命令，让千里之外的《世界报》按照他的意志经营和出版。

普利策于1911年10月30日病逝在"自由号"游艇上，享年64岁。

17. 阿萨·坎德勒的故事

1888年，身为药剂师的阿萨·格里格斯·坎德勒，凭着商人的敏感和超人的胆识，以2300美元买下了可口可乐专利和全部股权，展开强大的广告攻势，可口可乐公司很快成为美国最大的软饮料公司，可口可乐成为软饮料的象征。1917年12月25日，阿萨以圣诞礼物形式把公司赠给子女，自己退休。1929年，阿萨去世，被尊为"可口可乐之父"。

阿萨·格里格斯·坎德勒1851年出生于南部美国的佐治亚州。父母为了纪念家庭教师阿萨·W·格里格斯而给儿子取名为阿萨·格里格斯·坎德勒。1862年，南北战争爆发。坎德勒一家生活贫困，物质匮乏，阿萨不得不靠自己的努力去挣钱。内战爆发，阿萨没有读完系统教育课程，去当了药剂师。在药店里，他安置一张吊床，白天工作，晚上自学拉丁语、希腊语，钻研医学书籍，为日后成功打下了坚实基础。

他不安于小地方工作，来到首府亚特兰大，他费了很大周折才在乔治·杰斐逊·霍华德的药店里当一名药剂师。1873 年 11 月 13 日，父亲逝世，阿萨急返家乡处理父亲的后事，照料三个弟弟，帮助母亲管理家务。

1875 年，他返回亚特兰大，在霍华德药店里当店员主任。在这里，他发现应改进的地方很多，他以其聪明才智学会了经营管理经验。

1877 年，阿萨与马塞勒斯·霍尔曼合伙成立了马塞勒斯—坎德勒药材批发公司。7 年的打工经历后，阿萨开始摆脱别人的控制，成了自己独立经营的商人。次年，他与前老板霍华德的女儿露西·利齐·伊丽莎白在亚特兰大结婚。

1882 年 4 月，阿萨和岳父乔治·霍华德联合成立霍华德—坎德勒公司。

1888 年 8 月 30 日，买下了可口可乐专利。

并把经营方向做了重大调整，专卖可口可乐！可口可乐终于从医药店走了出来，走到市场上，走到了寻常百姓家。

1890 年的一个星期六，工厂里只剩下了几个人。一个杂货商人捎话："我要一些可口可乐原浆。"

阿萨赶紧来到售货厅，准备让人给杂货商送货，却发现原浆销售完了。"请稍等，马上就好。"阿萨热情地说道。

他来到车间，亲自动手，专门为客户加工了 1 加仑（3.785 升）可口可乐原浆。这就是阿萨，他办事极为认真，毫不马虎，即使少量的 1 加仑（3.785 升）原浆，他也要保质保量地做好。

面对员工，阿萨说道："今天损失的可口可乐，明天再也补不回来。"

千里之行，始于足下。干大事业者，必定是极为认真负责的人。阿萨的生意越做越好，客户从他那里得到了足够的自尊，感受到了他的信任可靠。

他的生意迅速占领了全部佐治亚州。短短几年，他又扩展到全国。亚特兰大总部即使到 1908 年也不到 30 人。精干、高效的领导班子指挥着各地的工厂高速开动机器，把他的产品批到各地。

阿萨并不满足，他知道事业的发展不可能一帆风顺，必须抓住机遇，乘势而上。他要让可口可乐扎根于平常百姓的头脑之中。

他投入了大量的人力物力做广告，可口可乐的广告无处不有，大街上广告铺天盖地，墙壁上、公共汽车上、店门口，一不留神，可口可乐的广告就会闯入你的视野。

1908 年，可口可乐公司在美国建筑物的墙上制作了面积 250 万平方英尺（23.22 万平方米）的广告。成千上万的旅客看到的是阿萨不知疲倦地、终年向一个玻璃杯倒那永远倒不完的可口可乐。

在次年初的股东大会上，阿萨总结道："去年我们比前年支付了更多的钱来从事促销活动，我们干得很好。这充分说明，我们做广告的方法和手段产生了良好效果。"

乐极悲滋生。就在阿萨全力推进他的公司扩张时，一场官司降临到他的头上。

进入到 20 世纪，各方面的围攻接踵而来。

"人们都去喝可口可乐，我们酒类酿制业受到了极大损失。"酒业老板发出了怨言。

"我的一位病人由于喝了可口可乐而死亡。"弗吉尼亚的一位医生游说州议会，"我建议禁止可口可乐。"

"可口可乐是一种兴奋剂，含有可卡因、咖啡因等麻醉剂。"一些人又煽起谣言。

亚特兰大的珀斯大夫更绘声绘色地讲了一个故事："有一个少年，他的具体年龄我忘记了。大概是十三岁或十四五岁吧，他习惯了每天喝 10 ~ 20 杯可口可乐。他在这里的一个邮电局工作。后来失业，再也没有钱买可口可乐。他在精神支撑不住的一天，来到我的办公室。"这等于批评可口可乐是具有瘾性的药物。

美国总统建立一个委员会，该委员会颁布一份文件，标题是："含有上瘾性药物的软饮料的危险。"这份文件把所有喝汽水、软饮料而导致的上瘾性特征的人一律称为"可口可乐瘾君子"。

负责实施新的纯洁食品和药物法的联邦官员哈维·威利查封了可口可乐公司的一批货，他要求可口可乐去掉咖啡因和可卡因。

阿萨不甘屈服，他请弟弟约翰·坎德勒做辩护律师。这场旷日持久的官司从 1911 年 3 月 13 日开始，第一审赢得胜利后，一直持续到 1918 年，政府和可口可乐公司在法庭外和解结束，前后历时 7 年。

官司没打完，可口可乐公司却名声大振，法庭的裁决，等于免费为可口可乐做了一次大的广告宣传。

旷日持久的官司，消耗了阿萨的精力。这场危机刚一过去。一场更可怕的危机又降到命运多舛的阿萨头上。

危机来自家庭内部，长子霍华德与次子巴迪长期不和。由于生意很忙，阿萨要求长子霍华德负责管教弟弟巴迪。比哥哥小 1 岁零 8 个月的巴迪，从小就是一个淘气鬼，他连父亲和叔叔的话也敢不听，哥哥更不在他的眼里。随着时间的推移，两个儿子的矛盾越来越公开化，越来越多。阿萨大伤脑筋，心里暗自伤心。他尽管多次出面调解，兄弟俩还是不能和解。

1916 年，阿萨从公司中脱身，竞选亚特兰大市长成功，公司的事务交给了爱妻露西。

阿萨一身轻了，他专心干了两年多的市长。

晚年的阿萨十分痛苦。1919 年上半年，妻子露西离他而去。他还没有从妻子的逝世中恢复过来，更沉重的打击又来了。

子女们各人打着小算盘，暗中决定将公司卖了。1919 年 4 月达成初步意向，7 月通过股东大会，9 月出售完毕。所有这一切都一直在暗中进行，阿萨还一直蒙在鼓里。

当听到股东们决定出售可口可乐公司时，两行热泪在他的两颊直流而下。

他的精神支柱彻底坍塌了，陷入极度悲痛之中，一病数月。从此以后，身体再也没有恢复过来。

年底，他辞去了市长职务。他没什么事可干的了，只是参加一些慈善机构活动，到处走走。1926 年 9 月，他中风了，从此一直住在医院，直到 1929 年 3 月 12 日，安详地闭上了眼睛，随他的妻子而去了。

18. 查德·瑞纳德斯的故事

查德·瑞纳德斯生于 1851 年，24 岁时便开始了他的香烟事业，在北卡罗来纳州的温斯顿—萨勒姆生产一种扁形品嚼香烟。那时的人们对香烟购买量不大，大都自己动手卷烟，而且香烟的销售也都局限在一个固定的地区内。刚刚起步的瑞纳德斯时时感到竞争的压力，特别是詹姆斯·布查南·杜克麾下的美国烟草公司在 1884 年率先推出了机制香烟，其掠夺性的低价格把瑞纳德斯逼进了死胡同。

面对着弱肉强食的形势，瑞纳德斯只好被迫答应了杜克的收购要求，把公司出售给了杜克。尽管如此，瑞纳德斯没有绝望，他仍然时刻关注时局，关注香烟市场的变化，并暗中积蓄着力量，等待时机。

皇天不负苦心人，由于大型托拉斯集团疯狂垄断市场，造成了社会的动荡，如杜克集团 1910 年就已控制了美国香烟市场的 80%。以罗斯福为首的美国政府首脑不得不顾及整个资产阶级的利益，维护他们的统治，先后出台了一系列反托拉斯的政策与法令，其中包括要求分散美国烟草公司等。这些措施虽不能从根本上抑制垄断这一毒瘤的生长，但它却给了瑞纳德斯一个难得的"天时"。1911 年，瑞纳德斯终于重新获得了他的公司，并决定向美国烟草公司独占美国市场的局面挑战。

挑战霸主

瑞纳德斯推出了他的四种品种作为冲刺的品牌，而且，他特别把骆驼作为首要的品牌来推。正当瑞纳德斯刚把骆驼这一名字敲定，正待进行"形象设计"的时候，一只名叫"老小伙"的单峰骆驼来到温斯顿一萨拉姆了，它是巴纳姆和比利马戏团的一名主要演员。

瑞纳德斯派他的速记员带着一架相机去观看这位明星的演出并拜访它。能干的速记员不仅带回了"老小伙"的照片，而且还讨到了有关它的一张唱片。而正是源于这张唱片，瑞纳德斯有了自己对四种品牌包装和骆驼形象的独特的艺术构想：描绘一幅包括棕榈叶和金字塔的图画，向人们表示土耳其烟的古老和遥远——尽管土耳其并没有金字塔，但金字塔代表了古老、神秘以及王者的风范，所以瑞纳德斯就把它加上了。在 Osman 牌香烟的包装盒上是一个老土耳其人模样的形象；KedKarnel 牌香烟的包装盒上是一只快跑的骆驼；在骆驼牌香烟的包装上则是"老小伙"的形象——一个骆驼演员，不失本来的憨厚与可爱，又充满了现代气息和活力，是一个人

见人爱的家伙。可以说，这一组包装设计构成了一种统一的、系列的视觉效果，给人的感觉是丰满的、成熟的，特别是与经过烤制的烟片联系到一起，更能让烟民感受到是一种充满异国情调的高品质香烟。就这样，骆驼香烟及其他三种品牌的香烟一起诞生，并加入到激烈的竞争中来了。

出奇制胜

1920 年，一位高尔夫运动员突然停止了打球，走向观众要了一支骆驼牌香烟，他一边点火一边风趣地说："为了得到一支骆驼香烟，我愿意走一里路。"碰巧，给他香烟的这位观众，是骆驼香烟广告代理公司的职员，就这样，高尔夫运动员的这句话便成了 30 年来骆驼香烟的广告语。

瑞纳德斯的起步在香烟行业并不算及时，但他决定，要以崭新的品牌来建立自己的王国。当时的市场上已经有了 50 多种品牌，细心的瑞纳德斯发现，所有这些品牌的香烟都是直接由维吉尼亚烟草或是强烈、带有芳香的土耳其烟草制成的。他想，能不能使一支香烟同时兼有这两种烟草的优点呢？于是，瑞纳德斯兴奋地开始着手试验。与此同时，瑞纳德斯公司还推出了三种品牌的常规香烟。

1913 年，这四种品牌同时投放市场。Reyno，直接由维吉尼亚烟草制造；RedKamel，由拓克石烟草制造，带有过滤嘴；Osman，由纯土耳其烟草制造；Camel 骆驼，包含了维吉尼亚烟草的强烈、明快和土耳其烟草系列的不同味道和芳香，另外还加有甜剂——这是测试烟民们对两种烟草制成的混合香烟能否接受的试验品。瑞纳德斯对它寄予了厚望，并为它取名为骆驼，意在强调它来自中东那一地域的异国风情。在瑞纳德斯慎重的营销和大胆的感知下，骆驼品牌终于发展成为了称霸数十年的世界知名品牌。

快速崛起

随着香烟品牌越来越多，制造商们为了获得顾客的忠实性消费

和对产品质量不稳定的宽容性，不断推出各种营销手段。当时最流行的是奖券和奖金的方法，也就是在烟盒中放有奖券，鼓励顾客不断购买其香烟，等奖券达到一定数目，就可以获得免费香烟一包或其他物品。

瑞纳德斯发现，当时这类营销手段几乎出现在所有品牌身上，各色各样的奖券满天飞，而人们对这些已反应麻木了。于是，他决定采取出奇制胜的营销策略，他首先降低了骆驼香烟的价格，当时它的竞争品牌的价格是 15 美分一包烟，骆驼香烟则为 10 美分一包烟。尔后，瑞纳德斯不用奖券和奖金，尔是反其道而行之，在骆驼香烟的外包装上印有一条非常醒目的标语："不要期待奖券和奖赏，骆驼香烟禁止使用它们。"

这简单的一句话向顾客表明，尽管骆驼香烟的价格低，但它的质量是上乘的。这一策略一经实施，烟民们也深信，骆驼香烟确实与众不同，它不依赖奖赏来建立自己的地位，那么它必定有优良的品质。终于，骆驼香烟凭借它与众不同的口味、新颖别致的装潢和独特的营销手段，获得了广大烟民的青睐。骆驼香烟逐渐超过了其他品牌，骆驼的成功鼓舞着瑞纳德斯，于是他开始冲破地区性的经销网，直接进入全国性的经销。

1913 年末，骆驼牌香烟在强劲的广告攻势下终于推向了全国，成为了第一个在全国范围内销售和促销的香烟品牌。1914 年，骆驼牌香烟的销售额达到 4.5 亿美元，1915 年达到 23 亿美元，到 1917 年其销售额超过了 110 亿美元。"骆驼牌''香烟诞生于 1913 年，瑞纳德斯逝世于 1919 年。然而，他的精神和意志却一直激励着这个世界知名品牌在以后几十年的历程中，始终坚持不懈地积极创新，始终保持着品牌地位。尤其是瑞纳德斯创造的"老小伙"形象得到许许多多消费者的认可和喜爱，成为广告史上的一段佳作。瑞纳德斯

对于"骆驼牌"香烟的贡献，是任何人都无法取代的。

19. 乔治·伊斯曼的故事

1963 年 *2* 月 *28* 日这一天，是世界照相史上值得纪念的日子。因为，这一天，柯达公司经过 *10* 年漫长的岁月，终于向近 *30* 个国家同时推出了大众化的"自动式"照相机，这一创举轰动了全世界。

100 多年，"柯达"早已成为一个世界性的名字。如今，仅其商标的价值就超过 *20* 亿美金，而"请你按下快门，其他的事由我们来做"这句推销界的名言，便是在 *1888* 年 *6* 月小盒型照相机"柯达第一号"投放市场时，所采用的第一句柯达广告语。当时，这种小盒型照相机的售价只有 *20* 美金，人人都可以买得起，所以吸引了无数摄影爱好者。

"请你按下快门，其他的事由我们来做"，"留住精彩瞬间"——这些美丽动人的广告词，都是出自伊斯曼·柯达这家拥有 *200* 多亿美元资产总额的世界最大摄影器材公司。柯达公司生产的彩色胶卷，被几乎是全世界的摄影师和摄影爱好者使用，完全达到了大众化的程度。

柯达的创始人乔治·伊斯曼以他脚踏实地的作风和过人的远见卓识导演了一幕幕柯达公司的精彩瞬间，用其毕生的精力开创了"照相机简单化"、"摄影大众化"的哲学，这个传统的积累，促成了柯达公司现在的高技术，也促使其创造了令世人惊叹的辉煌业绩。

14 岁的童工抱负——研究干版摄影

乔治·伊斯曼 *1854* 年生于美国纽约州，*8* 岁的时候，父亲就去世了，他和母亲及两个姐姐相依为命，生活贫困，常常食不果腹，但他的母亲还是努力让他继续念书。这一切，都在幼小的伊斯曼心中打下了深深的烙印，伊斯曼从小便被灌输了独立的意识。在 14 岁那一年，为了贴补家用，伊斯曼只得辍学去帮人做工。

在伊斯曼 20 岁时，他被纽约罗契斯特的一家储蓄银行录用为一名办事员，年薪是 800 美金。至此，伊斯曼的家境才稍有好转。

有了固定的工作以后，对摄影有浓厚的兴趣的伊斯曼，便节衣缩食把省下来的钱用来研究相机干版摄影。

1881 年 1 月，27 岁的伊斯曼把自己节衣缩食省下的 5500 美元积蓄，在罗契斯特创立了照相机干版制造公司，主要生产干版胶片。在伊斯曼有这个想法以前，摄影一直是在使用湿片，十分麻烦，但是湿片的制造却比干版的制造要简单得多。对摄影十分着迷的伊斯曼却没有退缩，他相信他一定会成功的。这个干版制造公司便是伊斯曼·柯达公司的前身。

伊斯曼一边制造干版，一边对照相机的构造及性能进行仔细研究，他一直想制造出一种操作简单的照相机。苍天不负苦心人，七年之后，伊斯曼终于研制成了一种小型口袋式照相机，命名为"柯达第一号"。

1889 年，公司改名为伊斯曼公司，两年后，开始启用伊斯曼·柯达公司这个名称。

创业之初，伊斯曼便确定了四条经营原则，即成本低廉、大批生产、大做广告、面向世界。

为了贯彻他的经营原则，广泛推广其产品，1889 年，乔治·伊斯曼开始在英国伦敦开设伊斯曼照相器材公司。19 世纪末，他大举进军世界市场，在德国、法国、意大利等欧洲国家设立了销售机构，并很快在欧洲建立了一个销售网。

1895 年，柯达公司以口袋式相机售价 5 块美金，惊动了整个社

会，更进一步奠定了伊斯曼·柯达飞速发展的基础。

20 世纪初，柯达的产品已打入南美洲和亚洲。

1927 年，伊斯曼先后在英国、德国、加拿大、法国、澳大利亚五国建立了工厂，后来又在巴西建立了子公司，专门生产感光纸，并在墨西哥建立了生产设施；同时，透过五大洲的销售公司或代理商，把商品卖给 *115* 个国家以上。此时，柯达公司的全体员工已超过 *10* 万人，而伊斯曼的代理商及推销机构，几乎遍及世界各地。

柯达第二大市场——中国

2003 年 10 月 28 日，全国人大常委会委员长吴邦国在人民大会堂会见了美国伊斯曼柯达公司董事长兼首席执行官邓凯达一行。

吴邦国积极评价柯达公司为发展中美贸易和技术合作所作的努力，赞赏柯达公司与中国乐凯集团公司达成合作协议。他说，柯达与乐凯的合作不仅有助于推动中国感光材料技术的发展，促进企业的重组，也为柯达带来了利益。希望柯达公司向中方合作伙伴提供最新的技术和先进的管理经验，通过双方的努力，不断增强合资企业的竞争能力，达到双赢的目的。

邓凯达对柯达公司与中国的合作表示满意。他说，在中国开展业务的最大优势，一是中国政府提供的良好投资环境，二是当地员工的优秀素质。与乐凯的合作使柯达找到了对华合作的切入点和新的契机。柯达公司将一如既往，在感光材料、数码相机、医学遥距诊断等方面扩大与中国的合作。

伊斯曼柯达作为一家有着 *124* 年历史的美国公司，在短短 *10* 年间迅速占领中国 *60%* 的市场份额，连锁店达到 *9000* 家，中国成为柯达的第二大市场，是什么能让柯达这么迅速地发展，百年公司又有着怎样的危机，令人们关注和深思……

20. 亨利·福特的故事

亨利·福特，*1863 年 7 月 30 日*，出生于美国底特律南郊迪尔本镇的一个富裕农民家庭。*1947 年 4 月 7 日卒于迪尔伯恩。*

*1899 年福特组建底特律汽车公司。1903 年*又建立福特汽车公司，至 *1907 年*先后生产 A、C、N 和 R 型汽车。*1906 年*福特取得公司的大部分股份并任经理。为在竞争中取胜，他以降低成本为原则，全面推行标准化、专业化和生产协作等生产组织方法和管理措施，并采用当时最先进的技术，如化油器、行星齿轮传动机构、合金钢结构和新式点火装置等，制成 4 缸 20 马力的 T 型汽车。他先后采用泰勒制管理办法并于 *1913 年*建立了汽车装配流水线，使汽车价格降低，销售量剧增。*1928 年*，对 T 型汽车进行改型，又生产采用安全玻璃、四轮制动和液压减震装置的新 A 型汽车。福特开创的标准化、专业化生产协作和大量生产管理经验，被称为科学管理理论，对 *20* 世纪早期的世界工业发展产生了重大影响。

福特公司生产的 T 型车自从 *1908 年*问世以来，到 *1927 年*为止，在整整 *19 年*的时间里，总共生产出了*1500 多万辆*，创下了前所未有的奇迹。第一次世界大战结束以后，地球上行驶的汽车，有一半是 T 型车。至此，福特公司终于成为世界上最大的汽车公司，福特本人也因此获得了"汽车大王"的称号。

在一项评选"美国独立百年 *20* 件大事"的民意测验中，汽车大王亨利·福特及其创办的汽车公司被评为第 *10* 件大事，与"阿波罗"飞船宇航员登上月球、原子弹爆炸成功等相提并论，为世人所瞩目。

1905 年的一天，美国伊利湖畔繁忙的公路上，发生了一起严重的车祸：两辆汽车头尾相撞，后面又撞上了一连串的汽车，转眼间，公路上一片狼藉，碎玻璃、碎金属片满地皆是。

事故发生以后，除了警察赶到现场以外，还来了一个汽车厂的老板，他就是后来闻名于世的汽车大王亨利·福特。

福特为什么也急匆匆地赶来呢？

原来，这位精明的老板希望从撞坏的汽车上找到一点别人的秘密。

福特仔细地搜索着每一辆撞坏的汽车。突然，他被地上一块亮晶晶的碎片吸引住了，这是从一辆法国轿车阀轴上掉下来的碎片。粗看这块碎片并没有什么特殊之处，然而，它的光亮和硬度使福特感到其中必定隐藏着巨大的秘密。

于是，福特把碎片捡了起来，悄悄地放进了口袋，准备带回去好好研究研究。

回到公司以后，福特将这块碎片送到了中心试验室，吩咐他们分析一下，看看这块碎片内究竟含有什么东西？

分析报告很快出来了，这块碎片中含有少量的金属钒：它的弹性优良，韧性很强，坚硬结实，具有很好的抗冲击和抗弯曲能力，而且不易磨损和断裂。

同时，公司情报部门送来了另一份报告，结论认为，法国人似乎是偶然使用了这块含钒的钢材，因为同类型的法国轿车上并不都使用这种钢材。

这下福特高兴极了。他下令立刻试制钒钢，结果确实令人满意。接着，他又忙着寻找储量丰富的钒矿，解决冶炼钒钢的技术难题，他希望早日将钒钢用在自己公司制造的汽车上，迅速占领美国乃至世界市场。

福特终于成功了。他的公司用钒钢制作汽车发动机、阀门、弹簧、传动轴、齿轮等零部件，汽车的质量有了大幅度的提高。

几十年以后，福特汽车公司成了世界上最大的汽车生产厂商之一，福特曾高兴地说："假如没有钒钢，或许就没有汽车的今天。"

许多人错误地认为，由于亨利·福特接受的"学校教育"很少，所以他不是一个有"知识"的人。

第一次世界大战期间，芝加哥一家报纸在一篇社论中称亨利·福特是"一个无知的和平主义者"。福特先生不满这种指摘，向法院控告这家报纸毁谤他的名誉。当法院审理这个案子时，这家报纸的律师要求福特先生坐上证人席，以便向陪审团证明福特先生确实无知。这位律师问了福特先生很多问题，企图证明：福特先生虽然拥有许多关于汽车制造的专业知识，但总的来说，他却是一个很无知的人。

福特先生被问的问题很多，如"班尼迪特·阿诺德是何许人？""1776 年英国派了多少士兵前往美洲镇压叛乱？"……

对后面的问题，福特先生回答说："我不知道英国究竟派多少士兵，但我听说，派出去的士兵比后来生还回国的士兵多很多。"

福特先生对这种问题很厌烦，在回答一个特别具有攻击性的问题时，他向前倾身，用手指着向他提问题的律师说："如果我真的想回答你刚刚提出的这个愚蠢的问题或其他问题，让我提醒你，在我办公桌上有一排按钮，只要我按一下，马上就会有人来回答这些问题。请问，我身边既然有那么多专家能够把我们需要的任何知识提供给我，我为什么还要在我脑子中塞进那么多的一般知识？"

这种回答当然是合乎逻辑的，这个答案也使律师哑口无言。法庭上的每一个人都明白，这是一个有教养的人的答案，而不是一个无知者所能做出的答案。任何人只要知道他在需要某种知识时，可

从何处取得这种知识，以及知道如何把知识组织成明确的行动计划，那么他就可以算是一个有"知识"的人。

亨利·福特在他的"智囊团"的协助下，掌握了他所需要的全部知识，从而使他成为美国最富有的人物之一。

事业成功之后，亨利·福特决意要开发后来以 V-8 型而闻名全球的汽车。他想制造有 8 只气缸的发动机。他吩咐技师们设计，但技师们一致认为，要设计出那样的发动机是绝对不可能的。

"无论如何要把它造出来！"福特命令道。

"可是，那是不可能的！"技师们答道。

"干吧！无论花多少时间，一定要成功！"福特发誓道。

技师们着手干了，要想留在福特的班底里，就只有干这工作。6个月过去了，没有成功。又过了 6 个月，还是没有成功。

技师们越干越觉得没门。

第一年结束时，福特有些灰心了。技师们再次告诉福特，无法实现他的命令。可是听了技师们的报告后，福特又坚定了信心："继续干，我相信会成功！"

最后，事实证明，制造这一发动机绝非不可能。福特 V-8，成为世界上获得最辉煌成功的车，把福特和他的公司远远地向前推进了几年，人们要追上他得花好些年的工夫。

福特曾经特别欣赏一个年轻人的才能，他想帮助年轻人实现自己的梦想。可年轻人的梦想却把福特吓了一跳：他一生最大的愿望就是赚到 1000 亿美元——超过福特财产的 100 倍！

福特问他："你有了那么多钱以后做什么？"

年轻人迟疑了一下说："老实说，我只觉得那才能称得上是成功，至于做什么我也不大清楚。"

福特说："一个人果真拥有那么多钱，将会威胁整个世界，我看

你还是先别考虑这件事吧。"

之后长达 5 年时间福特拒绝见这个年轻人，直到有一天年轻人告诉福特他想创办一所大学，他已经有了 10 万美元，还缺少 10 万美元。福特这时开始帮助他，他们再也没有提起过 1000 亿美元的事。经过 8 年的努力，年轻人成功了，他就是著名的伊利诺斯大学的创始人本·伊利诺斯。

21. 托马斯·沃森父子的故事

提起电脑，人们就会联想到 IBM。IBM——即美国国际商用机器公司，从 20 世纪 20 年代一个不足千人的小公司，发展到 70 年代一跃而上升为美国最大的企业之一，是当今不仅在美国，也是在世界上最大的电子计算机公司之一。

龙父虎子演义 IBM 兴衰

IBM 以其出色的管理、超前的技术和独树一帜的产品，领导着全球信息工业的发展。从阿波罗宇宙飞船登上月球，到哥伦比亚航天飞机飞上太空，无不凝聚着 IBM 无与伦比的智慧。1986 年，IBM 公司年销售额高达 880 亿美元，雄居世界 100 家最大公司的榜首。

IBM 公司的创办人老托马斯·沃森出身贫寒，早年曾挨家串户推销缝纫机，屡遭磨难与挫折，但最终创下了大业。儿子小托马斯·沃森继承父业，抓住机遇，率先将企业投身于新兴的计算机行业，使 IBM 有了突飞猛进的发展，跻身于世界最大企业之林，从而就有了"龙父虎子"之美誉。

龙父——从著名推销员起家

1874 年，老托马斯·沃森出生于美国纽约州北部一个普通农民家庭。*17* 岁时，沃森便赶着马车替老板到农产家推销缝纫机、风琴和钢琴。他不辞辛苦地奔波在崎岖的乡间小路上，一家一家地上门兜售。开始，他对老板付给他每周 *12* 美元的工资还挺满意。后来，他偶然得知，推销员通常拿的是佣金，而不是工资，如果按佣金计算，他每周应得 *65* 美元。

次日，他就向老板提出了辞职，然后乘上火车，到大城市布法罗，希望能找到按佣金付酬的销售工作。当时正赶上经济萧条，城里工作也不好找。两个月过去了，他又进了一家公司，当上了推销缝纫机的推销员。后来，他又推销股票。好不容易积攒一笔钱，开了一家肉铺。可人心难测，他的合伙人在一个早上把他的全部资金席卷一空，逃之夭夭了。肉铺倒闭，沃森也破产了，他只好重返老本行搞推销，在国民收银机公司当一名推销员。由此，沃森踏出了他时来运转、迈向成功的关键一步。

国民收银机公司的总裁约翰·亨利·帕特森是一个卓越的企业家，也是现代销售术的鼻祖。沃森在他手下干了 *18* 年，他的经营之道和推销艺术对沃森产生了不可磨灭的影响。在收银机公司，沃森如鱼得水，大显身手。仅用 *3* 年时间，沃森就成了公司的明星推销员，其佣金破纪录地达到一星期 *1225* 美元。*1899* 年，沃森被提升为分公司经理。到 *1910* 年，他已经成为公司中的第二号人物，地位仅次于帕特森。但是，在这之后，厄运又一次向他袭来。帕特森性格专横，总是解雇虽有功绩但可能会对他造成威胁的下属。*1913* 年夏天，帕特森听信谗言，认为沃森拉帮结伙、扶植亲信，便决定辞退他。沃森努力为自己申辩，但毫无结果，无奈于次年 *4* 月愤而辞职。

他在走出公司办公大厦时，大声地对一位好友说："这里的全部大楼都是我协助筹建的。现在我要去另外创一个企业，一定要比帕特森的还要大！"可是，该怎样重新创业呢？虽然帕特森给了他一笔

5万美元的分手费，但沃森失去了工作，丢了饭碗，年龄也快40岁了。他带着新婚不久的妻子和一个嗷嗷待哺的儿子，去纽约寻找机会。两个月后，沃森遇上了IBM前身的奠基者弗林特——号称"信托大王"的弗林特，是当时华尔街最红火的金融家，他早就听说了沃森的才干，马上聘任他为计算制表记录公司的经理。这家弗林特属下的公司，主要生产磅秤、天平、制表机和计时钟等，由于经营不善，濒临倒闭的边缘。

沃森上任伊始，就借贷5万美元，作为开发研究新产品的经费，使制表机得到极大改进，很快在市场上成了畅销货。沃森运用从帕特森那儿学到的一套方法，在1915年夏末发起了大规模的推销运动，使公司销售额从1914年的420万美元，增至1917年的830万美元，几乎翻了一番。

沃森在此扎下了根，一干就是几十年，到1940年，他担任了公司的总裁。

当时，雷明顿——兰德公司在计算机技术上处于领先的战略地位，堪称计算机产业中的最初领袖。IBM在技术上至少比它落后5年。

面对如此强大的竞争对手，IBM是发展前景莫测的电子计算机，还是继续生产利润可观的打卡机？是安于现状，还是奋起直追？IBM内部展开了激烈的争论。沃森的儿子小托马斯·沃森独具慧眼，经过深入分析论证之后，深信到一定时候，计算机一定会有巨大的市场，不仅会广泛用于实验室、办公室、银行和天文台，也可以用于工厂。

作为副总裁，好胜心强的小沃森不甘心在计算机领域屈居第二，他积极主张开发新产品，赶超时代潮流。父子俩为此争论得面红耳赤。

虎子——历史记录性的投资 50 亿美元

小托马斯·沃森是 1914 年出生的。从小，老沃森就常带他去参加 IBM 的各项活动。12 岁时，小沃森就在 IBM 的一次销售会议上，发表了颇具见解的讲话，显示出过人的才识。1937 年在布朗大学毕业后，他就来到 IBM，担任曼哈顿地区的推销员，取得了出色的业绩。1946 年 6 月，小沃森当上了公司副总裁，时年 32 岁。

1952 年 1 月，78 岁的老沃森因为年事已高，决定退居二线，38 岁的小沃森正式接任 IBM 公司的总裁职务。

小沃森上任后，颁布的第一道命令，就是尽快研制出计算机，力争赶上并超越雷明顿—兰德公司。当年年底，IBM 生产的第一台国防计算机终于问世了。

这台体积巨大的 IBM701 被运到纽约，安装在总部大厦的底楼。150 名知名的科学家和商界领袖参加了盛大的开机典礼。之后，小沃森又推出应用于会计系统的 IBM702 电子计算机，用于雷达防空网络的 Q—7 计算机。两年之后，IBM 已经与雷明顿——兰德公司并驾齐驱。虽然在实际安装方面，雷明顿——兰德仍略占上风，但 IBM 的订单却比雷明顿——兰德多出 1 倍，仅 702 型的订单就达 50 台。

在这场竞争中，IBM 第一次获得了胜利。小沃森接着利用技术领先的优势，加快产品的更新换代，研制出体积小、用途广且价格适中的新产品来。1954 年，IBM 开发出 650 型小型电子计算机，每月的租金只有 4000 美元，使一般的学校、银行、保险公司都能用得起。就这样，全美很快就掀起了一股 650 型小型计算机热。

同时，他们还推出 IBM703、IBM704、IBM705 等系列产品。到 1956 年，IBM 已经遥遥领先，远远地把雷明顿——兰德公司甩在后面。

电子技术的又一次重大突破是集成电路的发明。1964 年 1 月，

IBM 对外宣布，它的 360 型系统电子计算机制造成功。它是第三代计算机的佼佼者。

小沃森对此投入的研制开发经费，远远超过美国研制第一颗原子弹的曼哈顿计划的 20 亿美元，堪称历史上规模最大的私人企业投资。360 型的订单堆积如山，创造了 IBM 前所未有的创业新纪录。到 1966 年底，IBM 装配 360 型计算机 8000 台，公司年收入超过 40 亿美元，纯利高达 10 亿美元，这是小沃森一生中最辉煌的一页。

1970 年下半年，小沃森心脏病发作，出院后工作常感力不从心。年仅 57 岁的他，为了事业决定让位。董事长由非沃森家族的利尔森接任。这一年，IBM 公司的年营业额已达 75 亿美元，比起他刚接任公司总裁的 1952 年，公司利润又翻了 10 多倍。

IBM 的董事长又换了几茬，而公司在计算机业的霸主地位却始终屹立如山。2000 年，IBM 公司的全球营业收入达到 880 多亿美元。

22. 保罗·盖蒂的故事

保罗·盖蒂，出生在美国，美国的石油大亨，曾保持了 20 年的美国首富地位。

保罗·盖蒂的一生都充满着矛盾和神秘色彩。他家财万贯，为子孙留下了巨额财产；他厌烦经商，却在与美国石油七姊妹的商战中，建立起了自己的石油王国；他腰缠万贯，却舍不得花钱换取被绑架的爱孙的耳朵。

保罗·盖蒂的大学生涯颇具游戏色彩。上完高中以后，他曾在几个大学上过学。一开始，他进入的是南加利福尼亚大学，但他认为这所大学的环境缺少校园文化气息，像"运动场"一样，难以学到什么东西。于是，他转到了伯克利分校。他本想学习政治学和经济学，但当时学校的经济课程只注意美国的经济，而且一味宣扬美国的经济政策无比优越，政治课程也只讲美国及邻国的政治。这一切都使他失去了兴趣。同年秋季开学后，他自动退学了，又转向了牛津大学。牛津大学自由开放的学术气氛，似乎对这位年轻人产生了一定的影响，他的学习比在加州认真了。但由于天性使然，他的成绩仍然平平，最后勉强得到了文凭。如果这种散漫的性格一直发展下去，日后不可能成就伟业。终于，他在21岁的时候浪子回头了，他开始了石油商业的生涯。

一开始创业，保罗就获得了巨大成功。靠着科学的力量，在24岁时，他成了百万富翁，但这不是偶然的。当时，保罗·盖蒂是相信地质科学的少数人之一，他一有机会便认真地吸收新知识，并且把所学的东西应用到工作上。为了找到更多的油矿，他雇佣了一名瑞士的地质学家，发现了多个油田，这使得他财运亨通。一年多的时间里，他就有了100万元的进账，而父亲辛苦多年，却只有几十万元的进账。暴富使他茫然，从小就玩乐成性的他做出了一个出人意料的决定——退休。在游荡了三年以后，这位浪子又开始了第二次回头。

1919年，保罗重新回到父亲身边，回到油田上。东山再起的保罗这一次没有受到幸运女神的眷顾，他的第一个私人企业以失败告终。他从这件事中汲取了深刻的教训，他的商业哲学由此发生了根本性的转变。从那以后，他对公司的监督日益加强，并且与工人并肩作战，已很难看出当年游荡散漫的影子。

在保罗的创业史中，不能不提到雅典计划。"雅典"是位于洛杉矶市南郊的一个地名。1924年，保罗用1.2万美元买下了这块地的租用权。这次，他创造性地提出了在高地钻油的大胆计划，大大减少了钻井的成本，提高了产量并使速度大为提高。在其后几年里，他净赚了40万美元。在这项计划中，他也遇到了空前的竞争压力。他的石油销售曾遭到对手的联合抵制，那些大公司想迫使他用低得荒谬的价格卖掉油田。保罗顶住了压力，他找到了当时规模最大的石油公司之———协尔公司的总裁乔奇爵士，并得到了大力帮助，渡过了难关。

保罗在石油战场上连战连捷，在华尔街上也显露出一个商人独有的精明。20世纪30年代，整个资本主义世界爆发了经济危机，股票市场崩溃。保罗觉得可以根据石油公司的产油情况，以相当于价值几分之一的价格收购这些石油公司的股票，从而达到控制这些石油公司生产和经营的目的。在大多数投资家纷纷退却的时候，保罗冒着巨大的风险，凭着机智、毅力，接连控制了多家大公司的股份，使其财富成倍增长。

保罗同时是一位大收藏家。他曾说："美是千古的。艺术品是永久活下去的东西，是人类历史唯一真正的延续。"他把自己的商业经营哲学"以最低限度的支出获得最大的收益"也运用到艺术品收藏上，他收藏了大量希腊、罗马人物雕像，波旁王朝的一些装饰品，同时还有很多绘画名作。保罗以22万美元集聚的这些艺术收藏品的核心部分，后来增值了许多倍。

23. 罗伯特·伍德鲁夫的故事

罗伯特·伍德鲁夫，美国可口可乐公司总裁。1890年出生于美国佐治亚州的哥伦布市，他的父亲是可口可乐公司的创始人。

伍德鲁夫当上了可口可乐的总裁，并在短短几年中将这一国际

驰名的饮料改头换面，让它变得"难以抗拒"。

可口可乐人一次次跌倒，又一次次跃起。在事业的发展中，他们有辉煌的创造，也不乏惨痛的教训。他们独领饮料市场风骚数十年，成为了国际饮料业的"日不落王国"。通过庞大的广告宣传，可口可乐那独特的红白两色的标志，已深深地印入全球消费者的心中。可口可乐在世界各地可以说是家喻户晓，它的商标成了世界上知名度最高的商标。据权威机构评估，可口可乐的牌子可值244亿美元。

由于父亲老伍德鲁夫年事已高，1923年，罗伯特·伍德鲁夫当上了可口可乐公司的第二任董事长兼总经理。在他的苦心经营下，公司迅速崛起。

伍德鲁夫20岁那年大学未毕业，便弃学经商，后以推销卡车而出名。他入主可口可乐公司后，常对人说这样一句口头禅："我不过是个推销员。"他确实是个天才的推销员，在他掌管公司大权的60多年中，可口可乐被推销到全世界，夺得"世界软饮料之王"的桂冠。

雄心勃勃的伍德鲁夫刚一走马上任，就响亮地提出这样的口号："要让全世界的人都喝可口可乐！"他在公司增设了"国际市场开发部"，试图把可口可乐推向世界。但是，要想将这种略带药味的饮料推销到国际市场，使全世界饮食习惯和口味各异的人都能接受，又谈何容易！

于是，他先在国内市场推行一项创新活动，那就是采用自动售货机来销售可口可乐。这样一来，便大大地扩大了可口可乐的销售面，无论何时、何地，顾客都能买到可口可乐。

这一推销手段，很快赢得了董事们的一致称赞，从此，伍德鲁夫开始了大规模开拓外销市场的计划。

1941年，"珍珠港事件"爆发后，美国参加了第二次世界大战。

战争使可口可乐的国内市场出现不景气，海外市场的开拓更是一筹莫展。处于内外交困之中的伍德鲁夫，整天坐卧不宁。这时，一位从战场上回来的爱喝可乐的老同学激起了伍德鲁夫的灵感：如果前方将士都能喝上可口可乐，不就成了海外市场的活广告吗？当地的老百姓受其影响，自然也会喝这种饮料。这不就等于间接地打开了外销市场吗？

第二天一早，伍德鲁夫就赶到华盛顿，找五角大楼的官员们洽商供应前方可口可乐的问题。尽管他吹得天花乱坠，被珍珠港事件搅得晕头转向的国防部官员，哪里顾得上听他的意见。一瓶可乐能提高多少士气？这个念头未免太可笑了。

伍德鲁夫毫不气馁，立刻回公司商量对策。他指派几个人撰写了一份宣传稿，并配上照片和杜撰的前方战士的心声，看上去像一本图文并茂的画册。

伍德鲁夫亲自对宣传稿加以删改，定名为《完成最艰苦的战斗任务与休息的重要性》，并用彩版印刷。这本宣传小册子特别强调：在紧张的战斗中，应尽可能调剂战士们的生活。可口可乐已不仅是消闲饮料，而且是生活必需品，与枪炮弹药居于同等重要的地位。

他还召开记者招待会，并邀请了许多贵宾，包括国会议员、前方战士家属以及国防部的官员。在会上，他不厌其烦地鼓吹他的观点。

伍德鲁夫这个天才的宣传家使国会议员、军人家属和整个五角大楼为之倾倒。经过磋商，五角大楼的官员不仅把可口可乐列为前方战士的必需品，而且还支持伍德鲁夫在战地设厂生产。

五角大楼的"全力支持"使可口可乐公司获益匪浅。在短短的两三年内，公司就向海外输出了64家可口可乐工厂的生产设备。军用可口可乐的消费量，竟达50亿瓶。至此，可口可乐公司已成功开

辟了国际市场，并为战后的新飞跃奠定了基础。

二战结束后，在海外作战的大批美军陆续归国。伍德鲁夫意识到，失去了这么一大批可口可乐"义务推销员"，如果不尽快推出新招，他历经千辛万苦在海外打下的根基就会连根拔掉。

根据他的调查，东南亚人喝可口可乐完全是受美军的影响，而且已经喝上瘾了。只要你们能保证供应，销路不成问题。但他担心公司无力单独承担在海外设厂的费用。

在老朋友的建议下，伍德鲁夫提出了海外经营策略的新思路：利用当地的人力、物力，去开拓可口可乐的海外市场，即所谓的"当地主义"。具体实施方案是：一、在当地设立公司，所有员工及负责人均为当地人；二、由当地人自己筹措资金，总公司原则上不出钱；三、除由总公司供应制作可口可乐的浓缩原汁外，一切设备、材料、运输工具和销售等，都由当地人自制自办；四、销售方针、生产技术、员工训练均由总公司统一负责办理。后来，伍德鲁夫又增加了两条：各国工厂的广告宣传，由总公司统一制作；凡外国人设立公司生产可口可乐，一律要缴纳保证金。

就这样，伍德鲁夫把握了当时外国人对美国货狂热的崇拜心理，在拓展海外市场过程中，不仅没有付出任何费用，反而获得了一笔相当可观的保证金。可以说，他对经营战略的运用已达到了出神入化的境地。

据战后25年统计，除了在美国本土的发展和收入外，可口可乐总公司单靠批发仅占饮料重量0.31%的原汁，每年的经营总额就高达9.79亿美元，年均纯利1.5亿美元。可口可乐终于成为全世界销量第一的软饮料。

24. 正力松太郎的故事

1885 年，正力松太郎出生在日本的一个工程师之家。他在中小学学习阶段，学业历居榜首，1911 年又以满分毕业于东大法学系。此后他在警界就职，力破数起大案、要案，名声顿时大振。

但他并不满足于此，他把毕生精力贡献给日本报纸广播事业，取得了辉煌的业绩。

正力上任后，立即大刀阔斧地进行整顿。

他首先抓报纸的发行工作：增刊广告两面；增加宗教版；举办"世纪围棋赛"；赠送订户市区夏季展览会免费券；与东京电动铁道会社合作，规定凡是《读卖新闻》的订户可以免费搭车；并参观在东京郊区举办的每年一度的菊花时装展览会；举办日本文物展览会；开设别具一格的麻将专栏，专门介绍麻将经；还有赛马专栏、钓鱼专栏、黑白漫画专栏、彩色连载卡通增刊等等。

其中收效最大的是体育版。为扩大影响举办棒球赛，邀请美国著名的职业棒球队到日本，与日本巨人队比赛。这一活动使"读卖"声名大振，因为日本巨人队是日本有史以来的第一支职业棒球队，是最受日本员工欢迎的运动项目的先驱，拥有观众 1000 万人以上，而日本棒球运动爱好者也在 1000 万人以上。

不久后，正力又邀请法国职业拳击队到日本表演。

正力甚至不惜巨资，邀请世界最伟大的网球家泰尔登以及范思士到东京大阪表演以推广网球运动。

为了进一步扩大影响，正力又组织探测了大岛的三原山口火山口，爬到 1250 米深处，打破了西西里岛上史庄波里火山的勘察记

录。这次探测正力松太郎还拍摄了许多照片，刊登在《读卖新闻》上。

他不惜最大的牺牲，取消封面广告，使许多大报纷纷仿效。

这一系列活动为《读卖新闻》赢得了读者，发行量直线上升，到 1937 年已达 88 万份，加上各版的发行量，总销售在 300 万份以上，一跃而成为东京最大的日报。

日本的广播、电视事业也是由正力松太郎倡导创办的。

1948 年初，正力联合读卖、朝日和每日三家日本最大的报社，申请设立商业性的广播电台执照。这一执照他曾在 1924 年申请过，但没有获准，这一次却很顺利地获得批准。

1950 年，由他创办的东京广播会社正式成立，并由他的朋友足立正任社长。

接着，正力又计划申请设立第一家商业性电视台的执照。

他这个计划一透露，立即引起人们的反对。

甚至日本国家广播公司也于 1952 年宣传："在 1956 年之内，日本是根本不可能创办电视事业的。"

但正力不理睬这些反对意见，仍按照自己的计划开始顽强的追求。

1951 年他在解除肃整，恢复对读卖的控制权以后，便卖掉了自己在这家报社拥有的部分股票，共集资 200 万英镑，申请创办电视台。

日本政府为了研究处理这一申请案，不得不专门设立了广播事业管理委员会。

次年 7 月，正力获得了日本第一张设立电视台的执照。而和他同时申请的、由日本政府主办的日本广播会社却没有得到批准，因为他们的准备工作不合格。

1953 年 8 月，正力的电视台（日本电视网 NTV）正式开播，受到观众的狂热欢迎，电视台的财政收入也非常可观。

这一成功，使当时设在日本的盟军总部的专家们感到非常困惑，因为他们曾预言："电视在美国刚刚创办，对于一个非常穷困的战败国，是根本没有办法考虑的。"

当有人担心电视的发展将影响报纸发行量时，正力松太郎解释说，广播和电视是报纸的自然伙伴，而不是敌人，它们是"新闻事业的扩充部分"。

他还认为电视的宣传价值约等于广播的 13 倍，是一座蕴藏丰富的"金矿"，因而必须大力发展电视事业。

在他的倡导下，不久之后，日本就成立了几十家电视台。

然而，正力却不满足于这些成就。1957 年，他又酝酿一个新的计划：创办日本第一座彩色电视台。

当时日本政府虽然相信正力的魄力，但对办彩色电视台仍然抱有怀疑。

因为当时世界上只有美国刚刚有彩色电视，日本各方面都还比较落后，能行吗？

为了消除日本政府的怀疑，正力立下了"军令状"：1964 年在东京举行的世界运动会，要用彩色电视来转播！

这样那些怀疑者们才无所措辞。

正力之所以敢立军令状，是有自己的打算的。

他认为，彩色电视的发展，不仅将在商业上受到普遍的欢迎，同时也将提高日本工业技术的声誉。

这样利国、利民的事业，是一定会成功的。

经过一番努力，正力筹集了 280 万美元，用于这项计划的研究。

功夫不负有心人。1959 年，他得到执照。1960 年，日本第一座

彩色电视台便开始播送彩色电视节目，比原定计划提早了 *4* 年。

从此，在正力松太郎的推动下，日本的电视事业得到飞速发展。

到 *1978* 年，仅日本松下电器公司彩色电视机的产量，就超过了欧洲最大的菲利浦电器公司，居世界彩电生产之冠。

现在，日本全国安装的电视机达 *2000* 万台，成为世界上继美国之后的第二个电视大国。

25. 戴维·萨尔诺夫的故事

1939 年的一个下午，纽约万国博览会的家用电器大厅里，大墙上挂钟的时针和分针分别指向了 *3* 和 *4*。突然一个中年男人的头像出现在玻璃屏幕上，只见他嘴巴一动，一个浑厚的男中音传来：

"现在我们为用电波传送的声音添上用电波传送的图像。"

这位电视时代的报春人就是——戴维·萨尔诺夫。

第一个收到"泰坦尼克号"遇难求救信号的人

1891 年，萨尔诺夫生于俄国明斯克附近的乌日兰镇。他自幼接受传统的犹太教育，孩提时希望成为一名犹太教拉比。

1906 年，父亲不幸病逝，年仅 *15* 岁的萨尔诺夫被迫辍学，在一家"商务有线电报公司"当了电报投递员，与母亲利赫一起挑起了养家糊口的担子。半年后，他进入"美国马可尼无线电公司"当勤杂工，负责扫办公室、机房等杂务活。

几年以后，他成为当时世界上功率最强大的电台——约翰·瓦纳美克的纽约站的收发报员。

1912 年 *4* 月，新下水的大型豪华客轮"泰坦尼克号"遇难，在这次重大海难事故中，萨尔诺夫显示了他特有的才能。*4* 月 *12* 日，

他第一个收到遇险的轮船发出的求救信号：泰坦尼克号撞上了浮冰，正在下沉，请求救援。

萨尔诺夫迅速把这条重要消息发送出去，并连续三天72小时守在电报机旁，不间断地接收这方面的消息，记录正在下沉的轮船上的旅客的姓名。萨尔诺夫因此成为一时的新闻人物，受到公司的嘉奖，并被提升为马可尼研究所的无线电报务检查员和辅导员。

1914 年，他升任合同经理。*1915* 年，萨尔诺夫已预感到无线电的巨大应用前景和潜在的市场。他向美国马可尼公司总部写了份报告，建议用"无线电波把音乐传入千家万户"。这时，无线电广播尚在研究实验中，他的建议未被采纳。

1919 年，为了同马可尼公司竞争和解决美国无线电技术专利太分散的问题，西屋公司和通用电器公司合股组成"美国无线电公司"，以欧文·扬为总裁兼董事长。

美国无线电公司、美国电报电话公司达成分享无线电技术专利的协议，并盘进合并了美国马可尼公司。原在马可尼公司的萨尔诺夫在新公司里当了商务经理。他和一批年轻人于 *1920* 年开始定时的无线电广播。

这年公司在匹兹堡和底特律建立了两个广播电台。同年，美国无线电公司又在美国、英国、法国、德国、日本之间开展了商用无线电报业务。由于经营有方，工作出色，*1921* 年，萨尔诺夫升任美国无线电公司总经理，时年仅 *30* 岁。

第一个在电视屏幕上公开发表演说的人

1922 年马可尼公司在英国创办广播电台，同年美国无线电公司开始大量生产收音机，萨尔诺夫也兼任公司副总裁。三年内公司售出了价值 850 万美元的收音机，获得了巨额利润。事实证明萨尔诺夫是位天才的商业战略家，他的预测和估算完全正确。所以萨尔诺

夫可以说是无线电广播事业和收音机工业的开创者。

在他的策划下，美国成为世界上最先普及广播电台和收音机的国家之一。到 1924 年底，美国已有几百家广播电台，有 300 万台收音机在使用。今天，美国有好几千家广播电台，收音机的拥有量比人口还要多。

萨尔诺夫继续开拓广播事业，1926 年以 100 万美元买进"美国电报电话公司"的广播台、站，改组成"全国广播公司"，实现了他早已有之的心愿。公司是美国首家的联号公司，他任公司总裁。

1926 年 11 月，全国广播公司开始播出每天 4 小时的节目。到 1927 年 11 月，全国广播公司已经有两大电台网——红网和蓝网，总部设在纽约。

20 世纪 20 年代后期，萨尔诺夫又成功地盘进了维克多留声机公司。他在美国无线电公司的董事会上信心十足地宣告："我们将把收音机和电唱机合为一机"。他的这个设想很快实现，工程师们按他的指示和要求很快设计开发出收音电唱机。美国无线电公司率先开发出的收唱机迅速占领了国内国际市场，赢得了高额利润。

早在 1923 年，作为无线电工业和广播事业的领导人，萨尔诺夫就敏锐地预见到尚在研究中的电视前景非常灿烂，市场也非常巨大。

从 20 世纪 20 年代的早期实验起，萨尔诺夫便有意识地推动电视的商业性应用。1928 年他利用最新发展起来的电视技术，创办了实验性的全国广播公司电视台，开始了实验性的电视节目播送，这是世界上最早的电视台和电视播出。

1931 年，萨尔诺夫在美国无线电公司的实验电视播出中大胆地预言："5 年以后，电视机将像收音机那样成为我们生活的一部分。"

美国无线电公司下属的联号公司全国广播公司，把实验电视台移往帝国大厦。1935 年萨尔诺夫宣布，从 1932 年起公司将投资 100

万美元发展制作电视节目。

1936 年，美国无线电公司开始了野外电视转播实验，以每秒 30 副画面的速率和每帧画面 343 条扫描线的清晰度播出电视节目。这种电视节目的质量已与今日每秒 25 副画面和每帧画面 625 条扫描线的质量比较接近。为此，哥伦比亚广播公司还向美国无线电公司订购了一套电视系统。

1939 年，在美国纽约举办了世界博览会。萨尔诺夫力主的电视技术应用在投入了两千多万美元的巨额研究经费后，在博览会上大获成功。萨尔诺夫以电视工业领袖的姿态出现在摄像机前和屏幕上并自豪地说：

"现在我们为用电波传送的声音添上用电波传送的图像！"

全国广播公司以纽约国际博览会开幕式为开幕戏，在世界上最先开始了正常的电视节目播出。这年恰好第二次世界大战爆发，罗斯福总统成为第一位上电视的总统。

全国广播公司在这一年创下了许多第一，首次转播了很受欢迎的棒球赛、足球赛等。

功绩永存的"广播电视之父"

电视事业的发展受到第二次世界大战的严重影响。美国无线电公司和萨尔诺夫不得不把大部分精力投入到军事研究、军需品和军事应用上，为打败纳粹德国、日本和意大利法西斯作出了贡献。

萨尔诺夫名声日隆，他奉命到艾森豪威尔五星上将的参谋部工作。在军队任职期间，他为发展美军通讯、截获日军通讯做了很多工作。于 1944 年被提升为准将，成为一星将军。

战后，萨尔诺夫继续领导美国无线电公司，1947 年出任董事长。美国无线电公司在他的领导下，发展成为美国最大的无线电工业和广播电视公司。萨尔诺夫果断拍板，投入数百万美元的巨资研制彩

色电视。他的英明决策使美国成为世界上最早出现、最早普及彩色电视的国家。

美国无线电公司也因他的英明决策占领了大份额彩色电视机、彩电设备系统市场，获得了巨额利润。

美国无线电公司在萨尔诺夫的指挥下，领导了全世界黑白电视、彩色电视和许多其他的传媒工业、电子工业的时代潮流。

1971 年 12 月，萨尔诺夫在纽约逝世，享年 80 岁。他生前接受了 20 多个大学的名誉博士学位，得到外国政府、外国研究院所的表彰和奖励。

萨尔诺夫作为美国无线电工业和广播电视事业的先驱，创下了许多第一。

萨尔诺夫是第一位出任无线电广播电台台长的犹太人，是转播美国政治集会、体育比赛的第一人。他率先组织向美国的听众实况转播文艺演出，在全世界最早领导建立电视台和播出电视节目；最早领导建立电视工业，彩色电视系统，播出彩电节目。萨尔诺夫被称为"广播收音和电视之父"。

萨尔诺夫为发展广播电视事业和无线电工业做出了开拓性的贡献。在把科学技术转化为生产力，培育开发市场，促进社会现代化，让收音机、收录机、电唱机、电视机、彩电进入家庭，丰富人们的生活等方面，萨尔诺夫的功绩永存。

26. 阿德曼·哈默的故事

阿德曼·哈默，1898 年 5 月 21 日出生于美国纽约市。卒于 1990 年 12 月 10 日。

父母都是俄国人，父亲是个医生。

哈默是以善于和社会主义国家做生意而闻名于世的美国企业家。

1917 年，哈默考入哥伦比亚医学院。在校期间，他一边学习，一边经营一个濒临破产的药厂。经过苦心经营，他成了哥伦比亚医学院白手起家的学生富翁和全国惟一正在上大学的企业家。

1931 年创建了现代化酒桶厂和种牛牧场。1956 年购买了西方石油公司，开创了西方世界的又一个石油王国。20 世纪 80 年代，他大力推动西方石油公司的多样化经营，使西方石油公司成为肉食品加工的巨头和美国石化产品制造商中的佼佼者。哈默也由此被人们称为经营奇才。

1921 年，哈默获得博士学位。1931 年，他在莫斯科生活将近 10 年后回到美国，开始寻找立足之地。那时的美国经济开始出现萧条，每个企业家都在为保存自己而努力，哈默却在寻找新的机会和市场。他先后投资于酿酒业和养牛业。此外，他还投身于金融界、从事广播和慈善事业，并集中他的收藏在纽约开了个人美术馆。1936 年，他甚至还出版了《罗曼诺夫财富的寻找》一书。然而这些成功都没有使他停止进取的步伐。在他 58 岁的时候，他又投身于另一项全新的事业——石油业。哈默卓有成效的工作，使他经营的公司进入国际石油大企业的行列。

哈默经营石油业，首先碰到的是油源问题。在美国本国，1960 年石油产量占美国石油总产量 38% 的得克萨斯州，他无法插手。因为这个州的油田，早已是美国其他"独立"石油公司的天下。在中东，沙特阿拉伯一向和美国有特殊关系，但是它的石油与艾克森石油公司的关系最为密切，哈默的西方石油公司休想染指。

西方石油公司该如何解决油源问题呢？充满冒险精神的哈默，在认真分析国际市场行情之后，决定向中东国家利比亚进军，挤进

利比亚开采石油。

　　20世纪50年代后期，哈默的西方石油公司终于如愿以偿，在利比亚取得了石油开采权，然后在西欧国家提炼和销售。到20世纪60年代末70年代初，西方石油公司在利比亚的原油日产量已达68万桶。当时，这家公司的油源全部来自利比亚。

　　美国的西方石油公司是一家进入国际石油大企业行列的新公司，正是因为哈默的冒险精神和果断决策，才使它发展迅速，成为一家业务多元化的跨国公司，业务地区遍及北美、西欧、非洲和亚洲。

　　正当哈默到处寻找投资及机会的时候，有一家叫德士古的石油公司，在旧金山以东萨克拉门托河谷一带寻找天然气，钻井钻到5600英尺（1700多米）时，仍不见天然气，公司决策者认为耗资太多，再钻下去很可能徒劳无功，难以自拔，便匆匆鸣锣收兵，宣判此井"死刑"。哈默得知这一消息后，便请来地质学家进行考察。专家们认为，德士古石油公司放弃那个地区过于匆忙了。得到这一结论之后，哈默便将那片地方租借下来，继续钻探。每钻进1英尺（30cm），都令人觉得，像是牙钻钻在西方石油公司的牙根神经上，要是钻探失败，可以肯定，公司股票的价值就会被钻出个大窟窿来。

　　哈默在焦急中等待消息。当钻到8000英尺（2400多米）仍无滴油时，哈默便开始烦躁不安起来，但仍咬牙硬挺。深度到8600英尺（2600多米）时，油层戳破了，石油喷出来了。

　　这竟然还是加利福尼亚洲历史上发现的第二大油田，价值2亿美元。

　　哈默晚年时，开始涉足石油行业。

　　石油业是世界上风险最大的行业。在这个行业中，富商巨贾们各施绝技，竞争异常激烈。

　　然而哈默却凭借其非凡的才能，战胜了一个个竞争对手，在短短几年时间内，使石油生意成为他多种经营实业中的一个核心产业。

1961年，哈默的石油公司在奥克西发现了加利福尼亚洲最大的天然气田之一；数月之后，又在附近的布伦特伍德钻出了一个蕴藏量极大的天然气田。这两个天然气田价值达数亿美元。

哈默迅速赶到洛杉矶市。由于该市是哈默天然气的直接消费者，也是太平洋煤气与电力公司的主要买主。因此，哈默向洛杉矶市议会提出了一个计划：他准备从拉思罗普修筑一条天然气管道直通洛杉矶市，并将以比太平洋煤气与电力公司和其他任何投标人更为便宜的价格向洛杉矶供应天然气。不仅如此，他还将加快修建管道的工程进度，保证在比任何投标人更短的时间内向洛杉矶市供应天然气。这样，洛杉矶的市民们，就可以在近期用到他提供的价格便宜的天然气。

议员们一听大为高兴，他们准备接受哈默的计划。

这就意味着，洛杉矶市将来不再向太平洋煤气与电力公司购买天然气了。

哈默此招击中了对手要害。太平洋煤气与电力公司得知这一消息后，十分恐慌，他们连忙派人找到哈默，赔礼道歉，并表示乐意与哈默的公司签订购买天然气的合同。

哈默趁机提出了一些有利于自己的条件，太平洋煤气与电力公司不敢提出异议，他们全部接受了哈默的条件，签订了合同。

信息已成为物质和能量以外的维持人类社会的第三资源。

美国巨富哈默一生中最活跃的25年是1931年从俄国回来后开始的。

哈默回国时，正是富兰克林·罗斯福逐渐走近白宫总统宝座的时候。罗斯福提出的解决经济危机的"新政"，获得了一些人的赞许。但此时，"新政"还没得势，一些人对"新政"能否成功持怀

疑态度。哈默研究了当时美国国内的政治形势，认为罗斯福肯定会掌握美国政权，"新政"一定会成功。正是从这一点出发，具有商人头脑的哈默找到了一条可以发财的新路。他认为：一旦罗斯福新政得势，1920 年公布的"禁酒令"就会被废除。为了解决全国对啤酒和威士忌酒的需求，那时将需要空前数量的酒桶，特别是需要用经过处理的白橡木制成的酒桶，而当时市场上却没有酒桶。

哈默在苏联住了多年，他清楚地知道苏联人有制作酒桶用的桶板可供出口，于是，他订购了几船桶板，并在纽约码头俄国货轮靠岸的泊位上设立了一个临时性的桶板加工厂。由于供不应求，他又在新泽西州的米尔敦建造了一个现代化的酒桶工厂，名字就叫哈默造桶厂。当哈默的酒桶从生产线上滚滚而出的时候，恰好赶上废除禁酒令，人们对啤酒、威士忌等酒的需求量大大增加，各酒厂生意量急剧增加，这就需要大量酒桶。于是，哈默的酒桶被那些最大的威士忌和啤酒制造厂用高价抢购一空。哈默又获得了成功。

27. 松下幸之助的故事

松下幸之助，1894 年 11 月 27 日出生在日本和歌山县海草郡和佐村一个没落的富裕家庭。1989 年病逝。

松下幸之助是一位传奇式的人物。

他没有显赫的学历，没有强健的体魄，没有辉煌的资历，没有雄厚的资本，没有得力的后援，他从一个 3 人的小作坊起步，仅靠自己的双手缔造了震惊世界的"松下帝国"。半个多世纪以来，全世界的人们怀着惊奇而崇敬的心情关注着"松下"，十分放心与信赖地使用着"松下"。现在，"松下帝国"已经发展成为拥有 20 万员工、年销售额高达 300 亿美元的全球最大的电器制造商。

在几次大的经济危机冲击下，许多企业倒闭，而他却稳稳地站住了脚跟。从他的一生可以看到日本现代工业发展的轨迹。

松下幸之助 13 岁在一家名为五代的自行车店当学徒的时候，他一直想独立卖出一辆自行车。可是，当时自行车是百元上下的高价商品，相当于今天的汽车，即使有人想买，也轮不到松下这样的小徒弟一人去销售，顶多是让松下跟着伙计送车去罢了。

很幸运，有一天，一位客户的伙计打电话来："送自行车给我们看看吧。我们老板在，现在赶快送来！"刚好其他伙计不在，松下的老板对他说："对方很急，无论如何，你先把这个送过去吧。"松下听了，认为好机会来了，精神百倍地把自行车送到客户那里去。松下虽然不是经销老手，却很认真地游说。

那时因为松下只有 13 岁，人家把他当作可爱的小孩。老板看他拼命说明的模样，摸摸他的头说："你很热心，是个好孩子。好吧，我决定买下来，不过要打九折。"

因为太兴奋了，所以，松下没拒绝就回答说："我回去问老板！"

说完就跑回来告诉自己的老板："对方愿意打九折买下来。"

老板却说："打九折怎么行呢？算九五折好了。"

这时候，松下一心一意想第一次独立成交，很不愿意再跑一次去说九五折。他竟对自己的老板说："请不要说九五折，就以九折卖给他吧。"说着哭出来了。

老板感到很意外："你到底是哪方的店员呢？你怎么了？"

松下哭个不停。

过了一会儿，对方的伙计到店里说："怎么等了这么久呢？还是不肯减价吗？"

老板说："这个孩子回来叫我打九折卖给你们，说着就哭出来

了。我现在正在问他，到底是谁家的店员呢。"

伙计听了，好像被松下的热心和纯情感动了，立刻回去告诉他的老板。

那位老板说："他是一个可爱的学徒。看在他的份上，就按照九五折买下来。"

就这样，终于成交了。这就是松下第一次成功销售自行车的例子。

那位老板甚至对松下说："只要你在五代，这期间我们买自行车，一定向五代买。"

1963年，松下电器在报纸上刊登大版广告，广告语是——"松下电器是乌龟"。这句别出心裁的广告语，有的人认为是形容松下电器像乌龟一样跟在别人后面亦步亦趋地模仿；有的人认为是形容松下电器像乌龟一样默默向消费者提供优质商品。实质上，这句广告词恰恰是松下电器公司"不创新，只改进"这一稳中求胜经济谋略的真实写照。

兔子确实比乌龟跑得快，但乌龟就一定会输给兔子吗？龟兔赛跑的故事尽人皆知！松下幸之助"稳中求胜"，创建了"松下帝国"，写出了一个新"龟兔赛跑"的寓言。

松下幸之助正是以"稳中求胜"的经济谋略创建了"松下帝国"。这一战略的使用，从表面看，发展似乎慢了一点。但是从长远看却并非如此。因为事物的发展有其反复性、曲折性和渐进性。企业的发展也是这样，今天适应了市场，前进了一大步，但如果发展不稳，到明天又有可能由于盲目扩大生产，从内部弱化企业"体质"，降低其抗风险能力，最终倒退几大步。

如果稳扎稳打，步步为营，就可以减少前进中的反复性和曲折性，减少商战中的风险。这样前进速度似乎慢了些，但实际上却是

快了，这正是稳中求胜战略的优越性所在，也是松下幸之助成功的奥秘。

松下幸之助成功之后，前往他那里讨经取宝的人当然是络绎不绝。

有一年，当经济界稍感紧张之时，一位和松下幸之助有生意往来的中小企业老板，就曾当面讨教："松下先生，我的公司由于最近的不景气，工作也跟着减少，实在令人担心。"

松下幸之助回答他："你的顾虑我很清楚，但在这种时候你绝对不能慌张。因为在长期的经营中，一定会偶尔陷于困境。而在这种时候，失败的人，都是一慌张就另谋他事。在不景气的时候，没有工作是必然的事。大多数经营者通常会采取降价以获取资金的方法，可是这样做的结果总是血本无归。"

事实上也正是这样，陷于困境的公司，多半是一遇不景气就慌张，然后是乱订货单进货，最后只能赔本卖出，公司损失惨重。相反，如果不那么慌张，能够冷静地思索："停顿只不过是一时的现象，可以借此机会整顿公司，照顾平时怠慢了的顾客，着手修理早该修理的机器。"

松下认为，有这种处变不惊的气魄，公司绝不会有倒闭之虞，反而会乘此机会发展起来。

有一次，松下电器公司招聘一批基层管理人员，采取笔试与面试相结合的方法。计划招聘10人，报考的却有几百人。经过一周的考试和面试之后，通过电子计算机计分，选出了10位佼佼者。当松下幸之助将录取者一个个过目时，发现有一位成绩特别出色、面试时给他留下深刻印象的年轻人未在10人之列，这位青年叫神田三郎。于是，松下幸之助当即叫人复查考试情况。结果发现，神田三郎的综合成绩名列第二，只因电子计算机出了故障，把分数和名次

排错了，导致神田三郎落选。松下立即吩咐纠正错误，给神田三郎发录用通知书。第二天公司派人转告松下先生一个惊人的消息：神田三郎因没有被录取而跳楼自杀了。录用通知书送到时，他已死了。

听到这一消息，松下沉默了好长时间，一位助手在旁也自言自语："多可惜，这么一位有才干的青年，我们没有录取他。"

"不，"松下摇摇头说，"幸亏我们公司没有录用他。意志如此不坚强的人是干不成大事的。"

28. 德威特·华莱士的故事

论及杂志，人们自然会想起美国的德威特·华莱士。因为正是这位当年做过推销员的牧师之子，在 20 世纪开始不久，当种种信息日益增多，各类书籍、报刊空前增加之际，针对社会需求，办起了一家文摘类的刊物。它问世后，很快赢得了众多的读者，不仅成为美国最畅销的期刊，而且还是迄今为止全球销量最高的杂志。

试办袖珍型杂志

德威特·华莱士于 1898 年出生于美国明尼苏达州的圣保罗。其父詹姆斯·华莱士为基督教长老会牧师，曾任长老会麦卡拉斯特学院院长，精通希腊文和拉丁文。德威特·华莱士在 1909 年前后相继就读于麦卡拉斯特学院和伯克利的加利福尼亚大学。大学毕业后，华莱士在圣保罗一家出版农业杂志和教科书的威伯出版公司工作，并曾为从事日历和广告业务的大印刷商当推销员。年轻时的华莱士不仅喜爱运动（80 岁时还在他的庄园里抡大锤锻炼身体），而且还受他父亲的影响，酷爱阅读。当他在威伯出版公司服务时，华莱士就想创办一种文摘式的刊物。他觉得在现代社会里，人们越来越渴求知识。但书报、期刊浩如烟海，普通读者既无精力也无财力去遍读它们。如果能将一些有长久价值、广泛兴趣的文章，经过筛选、摘录，汇编成册，便于携带和保存，定受读者欢迎。他在第一次世界大战的墨兹·阿尔贡战役负伤住院期间，开始了实验。他将一些报纸杂志中的文章剪下，在不损原意的情形下予以压缩删节，形成了一部分稿件。回到圣保罗故乡后，他在图书馆里继续从事抄写和删节文章的工作。很快他又搜集、压缩了不少文章，然后将两次加工的文章，合在一起，缩成了一本袖珍型杂志，发行 200 册，分寄给纽约的发行人和可能的支持者。不料，寄出的样本受到冷遇，出版商们认为华莱士选录的材料过于严肃，不合市场胃口。

创办《读者文摘》

袖珍杂志发行受挫并未使华莱士灰心丧气。他在 1921 年索性辞去西屋电气公司的工作，全力以赴地为筹备文摘式的新杂志而奔走。他的计划还得到了未婚妻莱拉·艾奇逊的热情支持。他从朋友那里借得 5000 美元做资本，在纽约格林威治村租了一家非法酒店的地下室，成立了《读者文摘》公司，并且着手剪辑、删节文章，然后油印出来。1921 年发出征订单。不久，他们蜜月归来时，收到了 1500 份同意订阅的回执。1922 年 2 月，第一期《读者文摘》正式出版。

新问世的《读者文摘》是一种书籍式的月刊，外观小巧别致。华莱士夫妇本想使《读者文摘》成为一份女性杂志，但很快就改变了他们的主意，把男性读者也作为其对象。在谈到该刊的编辑方针时，华莱士称其选稿有三项标准：第一是"适用性"，即每篇文章要与读者有关；第二是"持久的兴趣"，即这些文章在一年后读者仍觉得有一读的价值，并感到有兴味；第三是"建设性"，即它提倡乐观和进取精神。《读者文摘》在创刊后的相当长的时间里，由华莱士夫人初选文稿，而华莱士本人除掌握编辑部全面工作外，还承担了大

部分的删节任务。1929 年时，《读者文摘》有了 21.6 万个订户，收入超过 60 万美元。随着发行量上升，该刊工作人员逐渐增加，但 1936 年前其职员多为业余者，而且其中只有两名曾在杂志界服务过。第一位加入《读者文摘》的职业编辑是曾在《北美评论》编辑部工作过的肯尼思·W·佩恩。另一名是曾任《大众科学》发行人的艾伯特·L·缅科尔，他在办刊上给了华莱士许多宝贵意见，并于 1939 年出任了《读者文摘》的总经理。华莱士定期考核工作人员，成绩优良者受奖励，不称职者常被解雇。华莱士主持下的《读者文摘》不允许职工的亲属在该刊工作。

华莱士从创办时起，对《读者文摘》的文字质量方面便提出了严格的要求。有的稿件内容可取，但文字低劣，他也坚决不用。这成了《读者文摘》的传统。后来爱德华·T·汤普森主管该刊编辑业务时，也以此精神要求它的编辑与作者，要他们充分了解杂志的读者对象，为《读者文摘》写稿编稿，不但在内容上应切合读者水准，而且文字也要通俗易懂，避免使用难懂的方言和行话。该刊反复强调，表达上要简明扼要，一针见血，反对拖泥带水和陈词滥调。《读者文摘》由于在语言上的刻意追求，因而它所载的一些文章，被美国很多学校选为英语教材。

华莱士的《读者文摘》稿源丰富。该刊编辑人员经常浏览的期刊在 500 种以上，每年至少还要阅览包括原稿在内的 1000 多部著作，以便从中物色到可供选用的文稿。为了吸引读者投稿，《读者文摘》设立了诸如《个人一瞥》、《生活在美国》等专栏，为它撰稿的读者遍及于社会各阶层。此外，还有 20 名社会名流、教授、专家担任《读者文摘》的巡回编辑，为它到世界各地采访、撰写世界政治、经济方面的调查报告。随着该刊销量增长，华莱士支付的稿酬也较一般报刊为丰厚。最初，他为刊登一篇文章约付 100 美元稿费；到

他逝世前一年，即 1980 年，为《读者文摘》撰写的文章，最低每篇为 2600 美元，被转载的稿件，原作者及原载该文的杂志，每页（32 开）至少各获 450 美元。

影响不断扩大

华莱士的《读者文摘》的销量不断增加。1933 年，其销量为 100 万册；第二次世界大战期间，该刊销量由 400 万册增至 900 万册；1980 年更猛增至 2800 万册。

1938 年，《读者文摘》在英国发行第一个海外版，此后它的国外版不断出现，80 年代时每月以 16 种语言和 40 个版本，在 163 个国家和地区同 1 亿以上读者见面。在亚洲《读者文摘》发行 5 个版本，即亚洲英文版、中文版、韩国版及印度英文版。亚洲英文版发行 33 万册，是亚洲最畅销的英文杂志。中文版创刊于 1965 年，发行约 25 万册，主要发行于港、台及南洋华侨居住地。

华莱士夫妇初创《读者文摘》时，决定了刊物不登载广告的原则，此后 30 年中也一直坚持这项规定。1954 年，该刊出现了 50 万美元赤字，并预测次年将亏损更多。在此情况下，华莱士在《读者文摘》上提出两种方案，征询读者意见：一、杂志不提价而刊登广告；二、不登广告而提高售价。结果 80% 左右的读者同意刊登广告而维持原订价（0.35 美元）。于是该刊决定从 1955 年起接受广告，消息传出后，广告社和广告户蜂拥而至，不到半个月，收到了要求刊出 1107 页的广告申请单，相当于它原订第一年刊出广告数的 3 倍。头 10 年（1955—1984 年）共获广告费 3.51 亿美元。从 1979 年起，他又打破了不刊登酒类广告的惯例。

华莱士后来将《读者文摘》编辑部迁至纽约以北 20 公里的普莱桑特维尔。总部的电子计算机，储存着数千万个读者的情况，它们是该刊与世界各地读者保持联系和推销出版物的宝贵资料。为了保

证其准确性，他们每周对读者名单进行两次核对与补充。

自 1950 年起，华莱士又在《读者文摘》之外，出版了《读者文摘书摘本》，每年出 5 卷，在国内外全年总销量也超过 1000 万册。

华莱士于 1981 年 3 月去世，享年 91 岁。这时，他创建的《读者文摘》经过半个多世纪的发展，已经成为一个庞大企业。它及其所属机构，每年总收入已达 8 亿美元左右，这个数字使其名列于美国 500 家大企业的中间地位。

29. 安德烈·迈耶的故事

安德烈·迈耶毫无疑问是一个性格复杂、内心丰富的人。他白手发迹，很快成为华尔街的金融大王。被称为"我们这个时代投资银行领域中最具创造力的金融天才"，美国前国防部长和世界银行总裁称其为"一个巨大、绝对的独一无二的人"。

银行家的乘龙快婿

安德烈·迈耶于 1898 年生于巴黎一个富裕的犹太人家庭。

迈耶上学时的成绩一直不错，但由于他的父亲后来沉湎于赌博，使一家之主的位置出现了空缺，因而迈耶不得不在 15 岁就弃学，毅然挑起了一家 5 口人的生活重担。

据说迈耶 13 岁时就能背出巴黎证券交易所的所有价格。所以当他很快找到交易所送信员这一差使时，家里的人并不感到惊讶，很快他又受雇于一家私人小银行。

正值第一次世界大战时，金融人员大量流失，迈耶闯入了银行界，并可以自由地学习该行业所有的业务。

第一次世界大战时期（1914—1918 年），政府财政举步维艰，但满天飞的内外债借据却使银行业蒸蒸日上，这种交易深深吸引了头脑机敏、精力充沛的迈耶。于是，迈耶每天清晨四点就起床阅读《金融报》，计划一天的行动，而且还经常边吃饭边和家人谈论市场行情。很快地，这位不满 20 岁却能抚养五口人、精明而勤奋的年轻人的名声就逐渐传播开来。

不久，他又娶到了著名的犹太银行家莱曼最年轻漂亮的女儿。

1927 年，他成了"拉扎尔兄弟"的合伙人。

迈耶进入拉扎尔银行的第一个贡献是：将拉扎尔银行控股的法国著名的雪铁龙公司下属的专门赊销汽车的一家子公司，扩展为法国第一家消费者金融公司，减少了当时资金吃紧的雪铁龙公司的财政负担。

迈耶的第二个贡献则是：将摇摇欲坠的雪铁龙汽车公司卖给法国另一家大公司，使法国在大萧条期间（1929—1933 年）最严重的工业危机之一得到解决，因此深受工人、法国政府和雪铁龙债主们的喜欢。

这两件事不仅使迈耶声誉鹊起，而且使他在政界也罗织了一张有力的关系网，并获得了法国政府颁发的荣誉勋位勋章。

不出一年就成为老板

不久，第二次世界大战爆发了（1939 年），希特勒疯狂的反犹政策，使他不得不逃往美国避难。

刚到美国后，迈耶在纽约的拉扎尔营业机构还只是一个局外人，他已失去了在巴黎的地位。但是他并不气馁，暗暗地对自己的少数知心朋友说：

"不出一年我就会成为老板的。"

这句话出自于一个对纽约人生地不熟、又不会英语的普通人之口，似乎是荒诞之言。

但是，在一年之后，他成为了纽约拉扎尔营业机构的经理。

迈耶一上任，就对纽约拉扎尔营业机构进行了大刀阔斧的改造，决定把公司建成一个非常隐秘，主要服务于上流社会和少数人的商行。

但迈耶同时也清醒地意识到自身的弱点，那就是他对美国的大公司和上流社会一无所知，因此他需要一个在美国有名望、交际广的合伙人。

幸运的是，迈耶很快找到了这样一个人，这个人是美国许多大公司的董事和投资银行家，他为迈耶带来了一大批客户。

之后，他又物色了两名合伙人，一名是精通华尔街业务的联络员，另一名则是一位精通证券分析和投资的大学教授。

这种做法的用意很明显，迈耶不希望拉扎尔仅仅是一家投资银行，他想让拉扎尔成为一个投资者。

很快，迈耶第一次尝到了战后经济中的良机带来的好处。

1946 年 4 月，美国最高法院确认了证券和兑换委员会解散几个大公用事业控股公司的权利。这个决定使得诸如"电力债券和股份"等控股公司的股票价格陷入一片混乱。迈耶及其助手研究后决定：控股公司股份的内在价值——即使它们被迫解散——也远远超出当时的抛售价格。所以他们就买进，买进，再买进。

不久事实就证明了迈耶一伙人的英明预见，股份的变现价格远比人们预想的还要高，迈耶后来说：

"这是我挣的最容易的一笔钱，实在是太容易了。"

此时，投机热再次在美国弥漫开来，许多债券一上市就被抢购一空，而且价格上涨幅度很大。于是，迈耶就抓紧机会大肆投资，经过他和几位助手的精心策划，每一桩生意都给拉扎尔带回丰厚的利润。同时，迈耶还广泛结识企业、金融界朋友，使他逐渐在华尔

街占有了一席之地。

兼并，兼并，再兼并

若论在20世纪50年代的赚钱艺术，迈耶更乐于选择合适的小公司进行投资，然后再利用自己是投资者的身份，干涉公司的未来；或通过扩展公司的规模和业务范围，最好是通过合并其他小公司，然后再选择有利时机出售，从而获取最大的利润。

许多小公司在迈耶的神奇力量下变成了大公司，使公司的经营者和股票投资者都感到公司在日益壮大。

1951年，迈耶首先购进了一家名为"北美矿物分离"的小公司，接着又购进了一家粘土公司，然后又将粘土公司一分为二，把粘土公司的一半和矿物公司合并，把粘土公司的另一半出售，净赚550万美元。

后来，迈耶又将粘土矿物公司和另一家生产高岭土的公司合并，更名为"矿物化工公司"——引起了华尔街的注意。当公司合并后4个月，该公司的股票一直上涨到每股22美元．使迈耶获得了4倍的利润，加上先前赚的550万美元，净赚850万美元。另外，迈耶还持有450万的"矿物化工公司"的股票。

1960年7月，迈耶又策划了将"矿物化工公司"和一家著名的国际金属交易商行"菲利普兄弟"商行合并，然后将该公司的股票出售．又净赚了840万美元。

迈耶又策划了"菲利普矿物化工公司"和另两家大型采矿企业合并，构成了能够控制世界贵金属和矿物生产、加工、销售的更大的托拉斯。

当公司的股票上市时，股东们获得了比原投资高24倍的利润！迈耶获得了110万美元的佣金和520万美元的利润。

迈耶按照自己的"兼并、兼并、再兼并"的快速致富战略，合

并了若干家企业，再一次获得了丰厚的利润。

迈耶在一次对海地一家世界上最大的种植园的投资中，为了分散风险，邀请包括洛克菲勒兄弟在内的几家大股东入股。这些股东由于担心战线太长，纷纷退出。

迈耶经过周密分析，决定和另一家投资伙伴冒险投资。事实上这笔600万美元的投资根本不存在什么风险，几个月之内他们就赚了1000多万美元，足见迈耶的魄力和胆识。

滚滚的财源不仅使迈耶本人成为大富翁，而且也给他带来了巨大的社会声望，由于他的乐于助人和热心，使他在犹太人中享有崇高的威望。

1979年，他以81岁的高龄离开了人世，留下了9000万美元的遗产。他曾担心交纳高额的遗产税，早在10年前，就将财产以各种信托形式分散了。

人们估计，其财产总值不少于3亿美元，或许能达到8亿美元。

30. 朱恩·特雷普的故事

尽管他使飞行变得看起来很有魅力，但泛美公司的成立确实使我们这些"其他人"有了更多的外出旅游的机会。

用商业学院的标准来衡量朱恩·特雷普，可以说他不是一个典型意义上的总经理，至少他不善于授权，他常常是未经通知主管经理就完成了交易，他差不多是独自建立了全球性航空公司：泛美航空公司。他的行为给人的印象，是他已经拥有了整个世界，他的确有这样的念头。今天，他建立的公司已经消亡，但他的信念仍未改变。

1921 年，朱恩·特雷普从耶鲁大学毕业。在华尔街没干几天他就完全厌倦了。因为飞机使他着迷，他认为将来的旅行应是航空旅行。于是，用他继承的遗产作资本，特雷普加入纽约的长岛航空公司，向有钱人提供出租飞机服务。但不久特雷普就失败了，他从富裕的耶鲁同学处借了些钱，又加入"柯罗里尔空中运输公司"。该公司刚刚取得从纽约到波士顿的第一份美国航空邮递合同。那时，有钱人喜欢到与众不同的地方游玩，朱恩因此决定建立自己的航空公司为他们服务。1927 年 10 月 28 日，由三个公司合并而成的泛美航空公司成立。特雷普开始经营从凯威斯特、佛罗里达到哈瓦那（古巴）的航空业务。

特雷普有一种超乎常人的能力：他使泛美航空公司随航线扩展而逐渐成长。首先是在岛与岛之间开辟航线，越过旅游点进入墨西哥；接着，航线又延伸到中美洲和南美洲；最后泛美航空公司开辟了全球航线，跨越太平洋，并在 30 年代后期跨越大西洋，到二战结束时，特雷普已经拥有了真正的全球化航线系统。

特雷普最早认识到，空中旅行不应只是一帮全球漫游的精英的专门享受，而会成为普通人都能享受到的服务。1945 年，在别的航空公司还没有想到或做到这一点时，特雷普决定在纽约——伦敦航线上使用旅行者阶层机票制，他将往返票价削减过半，仅为 275 美元（今天价格应为 1684 美元）。这一创举在航空业内引起了骚动。整个航空业的票价都是由国际航运协会这个卡特尔组织制定的，它不喜欢特雷普的"旅行者阶层"。令人难以置信的是，英国对泛美公司有旅行舱位的客机关闭机场，不许降落。泛美公司被迫将航线转向"雪龙"（爱尔兰）。航空业厌恶竞争，但特雷普的票价将使旅行者负担得起漫长的空中旅行费用。这一点符合弗雷德茨·兰克尔在 70 年代和弗吉尼·亚特兰蒂克在近十年提出的理论。

特雷普设法开辟了另一条卡特尔不能阻碍他行动的航线：纽约——圣朱安（葡萄牙）。泛美公司制订的单程票价仅为 75 美元，于是每班航机都爆满。最后，在 1952 年，特雷普对国际航运协会的无情攻击使所有航空公司都不可避免地接受了"旅行者阶层"，但特雷普的视线却早已转向下一个决定公司命运的问题上了。

50 年代初期，跨海飞行仍是富人和名人的专利，对百万普通大众而言，那只是一个梦想。特雷普发现，波音公司和道格拉斯公司制造的喷气飞机可以结束这一局面。他定购了大量的喷气机，1958 年 10 月，泛美公司的第一架波音 707 客机从纽约起飞，前往巴黎。

航空业的喷气时代开始了，一切都发生了巨大的变化。波音 707 飞机的时速是它所取代的螺旋桨飞机的二倍，达每小时 605 英里；其载重量也是螺旋桨飞机的二倍。喷气式飞机最初是用来克服恶劣气候的，其飞行高度为 3.2 万英尺以上，就像是民用的 B—29 轰炸机。但引起特雷普兴趣的并非以上数据，除了发现喷气机对旅客很有吸引力之外，他考虑的是每人单位里程成本。

首批订购的波音 707 客机每排有五个座位，两个在过道的一边，另三个在过道的另一边。特雷普将它改为每排有六个座位，增加乘客量并再次降低票价，使旅客乘坐泛美航空公司的喷气飞机更便宜，更可取。公司预计，到 1965 年底，将有 3.5 亿人次乘坐国际航班；到 1980 年，这一数据还会增长 20%。

特雷普又有了一个更大的主意。他的想法是：只有用更大的飞机才能在国际航线上运送更多的乘客。他把这一想法告诉老朋友波音飞机制造公司老板比尔·艾伦，并说，他需要的飞机其容量应为波音 707 飞机的 2.5 倍。从波音 707 飞机的研制成本来看，特雷普的要求无疑会令人大吃一惊。然而，特雷普并未停止对飞机容量的进一步追求，尽管泛美航空公司使用的波音 707 客机的单位里程成本

指标只有 6.6 美元，在所有航空公司中都是最低的，但特雷普仍然要求波音公司制造更大型的飞机，使他能将这一指标再降低 30%。他对艾伦说："只要你制造出这样的飞机，我就会买。"艾伦的回答是："只要你买，我就能制造。"特雷普订购了 25 架飞机，单价为 4.5 亿美元，是那个时代的天价。

在特雷普领导下，泛美航空公司可以经常用新购买的飞机向同行挑战。特雷普请查尔斯·林德伯格负责重新装修飞机客舱，查尔斯为泛美公司的第一批喷气机增加了舱位，并为公司开辟了飞越大西洋及亚洲的商业航线。他手下的工程师爬遍了所有的波音客机，重新改装客舱，好像公司深信新的波音 747 会带来巨大利润。

特雷普使喷气机的订单膨胀，可说是出于单纯的运气。然而，特雷普很快又认识到波音 747 将会被一种更大的超音速飞机取代，新的飞机容量更大，但成本却如亚音速喷气机一样便宜。这又一次激起了特雷普的希望。

为此，他深信在波音 747 飞机上，驾驶员应该坐在驾驶座的上部。他认为，波音 747 最后的命运就应是一种能飞行的大马车。波音公司向他展示一架 747 客机的木质实体模型时，他在机内搜寻了一番，最后来到驾驶舱下的空余空间，"这是做什么用的？"他问，一个工程师回答："是机组人员休息区。""休息区？"特雷普咆哮起来，"这里应留给乘客使用！"

于是，波音 747 飞机的联合制造者特雷普为我们创造了这种全球旅行的机器。1984 年 6 月，他以波音 747 客机组建了"弗吉尼亚大西洋航空公司"。那时，波音 747 正如特雷普所料想的，真正缩短了地球上的距离，使空中旅行真正地大众化了。

可悲的是，正是波音 747 客机使泛美公司走上了绝路。

特雷普在 70 年代早期订购了太多的波音 747 飞机。紧接着全球

性石油危机严重打击了航空业，他的公司再也没能从打击中恢复过来。波音飞机制造公司也因投产747飞机的成本过高而几近破产。

特雷普是一个新大陆的发现者。在以往竞争激烈的年代，他能实现空中旅行大众化。可惜的是，他未能重建泛美公司。约在他去世后第十年，泛美公司解散，并于1991年最终消失了。

从特雷普的整个经历来看，他一直受美国人伟大的本能的驱使：在一个市场产生前去寻找它，然后才使它产生。从实际意义上可以说，特雷普是国际航空之父，他激发了整个航空业的兴趣，并甘心以自己的公司来冒险验证他的信念。对这种人，你能不敬佩吗？

31. 沃尔特·迪斯尼的故事

第一家多媒体王国是在动画的基础上建立起来的，但是它的幸福的基调却掩饰了创建者阴郁的心灵。

沃尔特·迪斯尼创造了米老鼠和第一部动物明星电影，他还投资兴建了迪斯尼乐园和现代多媒体公司。不管怎么说，他的发明已经影响了我们的娱乐世界和生活经历。但是，沃尔特·迪斯尼做的最有意义的事情，是为他自己建立了巨大的声誉。

毋庸置疑，迪斯尼在很久以前就成了一种品牌，在受到永久性的大众关注的同时，也受到了残酷的侵袭。作为引导父母追求纯洁、适宜的儿童娱乐的一座灯塔，迪斯尼商标——其创建者格式化的签名和米老鼠的形象——使我们普遍认同它所表现的内涵没有偏离安全、健康和愉悦的美国生活方式的主流。

现在，这一商标显示出迪斯尼公司是家每年销售额达22亿美元的企业，而且是全球最大的传媒公司。它为其创建者提供了许多无法想象的衍生产品，其中一部分甚至给他带来了"诅咒"，因为他无法对所有的细节作出长远的思考。当他的公司充满了美好的商业前景时，这个复杂、阴郁的决策者对此并不感到由衷地高兴。

将沃尔特·迪斯尼看作"一个没有快乐的灵魂"，会在年长的美国人中引起混乱。通过迪斯尼公司数年来持续不断的宣传诱导，他们认为沃尔特·迪斯尼是"最快乐的人"，迪斯尼公司的一则常用的促销广告就是："我们的任务就是将欢乐带给大家。"随着插科打诨，沃尔特·迪斯尼暗示这任务很轻松，因为他常常是一边工作一边吹口哨，表明"我没有压抑的心情"，"我很快乐，而且是非常快乐"。

人人都确信这一点，它听起来似乎有理。不是吗？如果有人有资格在晚年享乐，那个人必定就是沃尔特·迪斯尼！难道不是他成功地实现了美国人最美妙的梦想吗？是他没有创造一只可爱的老鼠，将快乐送到千家万户？还是他没有运用其声名和财富，为孩子们扮演慈祥的讲故事耍魔术的叔叔？但没有哪一个企业家的胜利在当代受到了如此多的观众的愤怒和恐惧的攻击，与沃尔特·迪斯尼相比，亨利，福特和比尔·盖茨应该是很幸运的了。

一位善于观察的作家将迪斯尼描述为"一个高个子的忧郁的男人，饱受内心苦痛的煎熬"。这种描写引起了人们对他的更大的兴趣。事实上，沃尔特·迪斯尼叔叔没有作长辈的气质，虽然他能控制自己身上的粗野特性而表现得很和蔼，但他身上具有的畏缩、怀疑和自我抑制的特性是奇怪的，并且，每一种特质都有很好的——或者无论如何是清晰的——理由。

沃尔特·迪斯尼，出生于一个与其说是经济贫困的家庭，不如说是更糟糕的情感上贫乏的家庭。他的父亲艾力斯是个不负责任的家伙，终日在好莱坞的中心地带游荡，寻找各种成功的机会，但他总是失败。他将这种失败转变为对孩子们情感的攻击，这使他的孩

子都尽可能早地从他身边逃走了。

沃尔特·迪斯尼是艾力斯的幼子，他在 *16* 岁时加入红十字会，服务于第一次世界大战。在为红十字会服务期间，迪斯尼一直都在作画。服役结束后，他作为一名商业艺术家在堪萨斯城开设了工作室。在那儿，迪斯尼发现卡通画是一个为他开放的全新的领域，他决定以此来逃脱父亲那样的悲惨的命运。

动画片这种艺术形式吸引了迪斯尼，这非常符合他的个性。每个动画卡通都可以建立一个小世界，一个与现实生活有所不同的世界，一个个人最终可以完全控制的世界。"如果他像一个演员，他只好把自己撕碎"。嫉妒的阿尔弗雷德·希区柯克后来就是这样评价迪斯尼的。

迪斯尼在他的工作室里辛勤工作，生活简单到只吃罐装蚕豆过日子，这像是任何成功的故事里都有的值得怀念的时光。直到他迁到洛杉矶与他善良、精明的哥哥霄合伙，才结束了这种艰难时光。雷照顾迪斯尼的生意，他则开始了最初的创作。即使如此，他的第一部作品仍然被盗了。这一事件的发生很自然地强化了迪斯尼的控制欲和保护意识，它也为后来成功的米老鼠开辟了道路。后续的作品相当成功，他创造的动画形象成了不可征服的快乐的化身。

然而，这些成功无不归因于迪斯尼对技术的执著追求。他是第一个为卡通配上音乐和其他声音的人，这一创举使他创造的动画形象为观众交口称赞。特别是在有声电影发展的早期，现场拍摄的电影还束缚在固定的镜头和话筒前时，迪斯尼的动画片就已征服了无数观众。

20 世纪 *30* 年代是迪斯尼艺术才能的黄金时期。像在早期采用有声电影制作动画片一样，迪斯尼又采用了彩色印片法。他虽然不是一个差劲的煽情者，但他证明了他是第一流的滑稽人物和故事的编

导者，是一个有点学究气、也有点愚昧可笑但始终都在亲自工作、实践的老板。他使公司中的画家队伍成为具有非凡技术和创造能力的行家。当迪斯尼在他的第一部故事片（白雪公主和七个小矮人）上冒险投资时，事实证明这是毫无风险的，影片获得了空前的成功。连聪明的艺术家从片中也能看到一种平民主义的真实性——自然、天真，有些情感化；勇敢并不乏对生活的郑重承诺。这就是该片的引人之处。

但是大家都误解了迪斯尼。在此后他的悲惨而富有机灵劲的"匹诺曹"和雄心勃勃的"幻境"里，虽然他使技术的发挥达到了极致。但这些影片却不尽人意，除了令人难以忘却的动画和连篇累牍的陈辞滥调外，再无新的东西。它表明的事实是正如电影史家大卫·托马斯所言——"他的吸引力没有内涵"。

迪斯尼在他的作品中努力地表现了现实主义。在他的童年时代，曾有过一段美妙时光，那时他们家居住在密苏里州马克汀郊外的一个农场里。迪斯尼便在他的作品里表现这种小镇生活的甜蜜和那种他曾短暂尝试的价值观。

他对快乐的执著追求就像一剂止痛药一样，减轻他内心的痛楚。但 1941 年，一场劳资纠纷再次结束了他不切实际的幻想。

从商业角度来看，迪斯尼有他成功的一面，绝大部分人都希望他的娱乐有令人舒适的引人之处，而不愿有"混乱的聪明"——尤其是在他们养育小孩时更是如此，迪斯尼改编的民间传说脱离了它原有的粗糙、情感化和富有说教性的桎梏，而更富有娱乐性。因此，他受到了电影评论家的攻击和社会批评者的轻视，正如一位评论家所言，迪斯尼的影片丧失了"故事后面的原有的生活冲动"。

迪斯尼不想在动画中倾注太多的说教力。对他来说，所有的问题都和影片能否上演有关。或许他愿意作一个文化传统的卫道士，但他更多关注的是技术，而不是对旧文化的虔诚的信仰。

他理所当然地成了好莱坞涉足电视的第一位名人。他制作的影片历数十年而不衰，其原因在于电视业不仅是个获利机构，而且是对他全部作品的推动与传播。通过电视播出了大量作品，包括令人捧腹的生活喜剧、严格拟人化的自然记录片，当然也少不了迪斯尼乐园。他在乐园上倾注了大量心血。

对他而言，迪斯尼乐园是又一次冒险。他全身心投入乐园的设计，并在设计中加入了很多现代城市规划方面的最好的特征，并将这些特征转化为"形象"。由此，乐园中的所有模拟物，及至危险的建筑、场地和荒诞形象都能安全复制。在他看来，迪斯尼乐园比任何电影都好：它是三维的立体空间，没有叙述情节的麻烦。事实上，乐园比现实生活还美妙。乐园提供了假象的环境，给人们一个在荒漠的、完全受控制的环境中的经历，带来足够的刺激和快乐。在乐园中，现实社会的污垢、生活中发生的不幸和其他真实的情感都不存在，人生活在虚幻的快乐的世界里。为创建迪斯尼乐园，迪斯尼被迫削减其他产业以满足这个豪华而巨大的世界的需要。1955 年，迪斯尼乐园开放时，所有的一切都改变了，现在迪斯尼拥有了自己的世界，人们必须按他的意志去游玩。

在迪斯尼 65 岁死于癌症前，我们可以想像到他是快乐的。他终于设计了一套机制，不停地修补他的世界。这个被撵出平静的小镇生活的满怀渴望的小伙子，现在终于成为帝王——不，是绝对的独裁者——统治着他可以将其想象强加于任何人的一块土地。这个不安分的野心勃勃的年轻企业家已拥有令人无法想象的财富、权威和声誉。在后来，当被问及什么是他最骄傲的东西时，迪斯尼没有提及欢乐的儿童，也没有提及他传播的家庭价值观，他回答说："重要的是，我能建立一个组织并能控制它。"这可不是孩子们的沃尔特叔

叔的情感，但是，沃尔特·迪斯尼的作品——许多是人们不愿接受的和常常没有足够研究的——将持续、细致入微地影响着我们生存、思考和梦想的方式。

32. 克里曼·斯通的故事

克里曼·斯通，1902 年出生。很小的时候，他的父亲就去世了，他的母亲是一家保险公司的推销员。

克里曼·斯通是美国联合保险公司董事长，是全美乃至整个欧美商业界都享有盛名的大商家。斯通通过自己的奋斗，为社会做出了非凡的贡献。他根据自己的经历，向世人告知成功的秘密以及由之所带来的幸福生活的意义。

克里曼·斯通追随拿破仑·希尔学习创富之术，由一个只有 100 美元的年轻人，自我奋斗成为令人瞩目的富豪。

斯通一生都在从事推销，既推销保险，也推销信念和使人成功的方法。为了广泛传播自己的思想和信念，他与人合写了《用积极的心态获得成功》一书，该书发行了 25 万册。1962 年，他又写了《永不失败的成功之道》，这本书也很畅销。为了在更大范围内传播自己的信念，他还创办了杂志《无限制成功》，斯通在出版业的最大举措是于 1960 年买下霍斯恩出版公司。

至此，斯通身兼三职——美国混合保险公司的董事长、阿波特公司的董事、霍斯恩公司的董事长。他成了美国最富有的人之一，在六七十年代，拥有的资产已达 4 亿美元之巨。

斯通童年时曾卖过报纸。斯通卖报时，有一家餐馆把他赶出来好几次，但他还是一再地溜进去。那些客人见他这样勇气非凡，便

劝阻餐馆的人不要再踢他出去。结果他的屁股被踢得很疼，口袋里却装满了钱。

这事不免令他深思："哪一点我做对了呢？""哪一点我做错了呢？下次我该怎样处理同样的情形呢？"他一生中都在这样地问自己.'斯通很小时父亲就去世了，他由母亲抚养长大。他母亲对他个性的形成有着很深的影响。

斯通的母亲替人缝衣服，干了好几年，存了一点钱。还在小克里曼十几岁的时候，她就把钱投到底特律的一家小保险经纪社。这个保险经纪社替底特律的美国伤损保险公司推销意外保险和健康保险：每推销出一笔保险，就收到一笔佣金。这家保险经纪社仅有一间租来的、积满灰尘的小办公室。推销员也只有一个人，那就是斯通的母亲。她第一天一点成绩也没有。然后，她来到底特律最大的银行，一位高级职员买了保险，又准许她在大楼里自由走动，结果那天共有 44 个人向她买了保险。

这个经纪社发展起来了。斯通 16 岁念中学时那个夏天，他也试着出去推销保险。他的母亲指导他去一栋大楼，从头到尾向他交代了一遍。但是他犯怵了。这时，当年卖报纸的情景又重现在他眼前，于是他站在那栋大楼外的人行道上，一面发抖，一面默默念着自己信奉的座右铭："如果你做了，没有损失，还可能有大收获，那就下手去做。马上就做！"

于是他做了。他像当年卖报纸那样壮着胆子走进大楼。他没有被踢出来。每一间办公室他都去了。那天，只有两个人向他买了保险。以推销数量来说，他是失败的，但在了解自己和推销术方面，他收获不小。回家的时候，斯通赚了几元佣金，觉得已经不错了，他知道他有克服恐惧的那种勇气，而且他还想出了克服恐惧的技巧。

第二天，他卖出了 4 份保险。第三天，6 份。他的事业开始了。

那个假期及后来放假的日子里，他继续替母亲推销健康保险和意外保险。他居然创造了一天 10 份的好成绩，后来一天 15 份，20 份。他分析自己：为什么成功了？他终于发觉，因为他有了"积极人生观"（PMA）。

20 岁的时候，斯通搬到芝加哥，开了一家保险经纪社即"联合登记保险公司"。不久，他就雇用了 1000 多名保险推销员，遍布各州。而且每州都有一名推销总管，领导推销员，他自己管理各地总管。后来又在芝加哥设总部，总部之下的几个副职帮助斯通主管全盘，那时斯通还不到 30 岁。

但那时候，整个美国笼罩在经济大恐慌之中。有一阵子，斯通好像也要走上末路：大家都没有钱买健康保险和意外保险，真有钱的人却宁愿把钱存下来以防万一。这一段艰难时光给斯通添加了几条如何对付困难的座右铭："如果你以坚决的、乐观的态度面对艰难，你反而能从中找到益处"、"销售是否成功，决定于推销员，而不是顾客"。

为了证明他说的不是空洞的口号，他走出办公室，直往纽约州去推销了。在经济大恐慌最严重的时期，他每天成交的份数，竟与以前鼎盛时期相同。

但是由于 20 世纪 20 年代是经济繁荣的年代，那时候几乎什么都可以推销出去，因此他对每一个推销员及其推销方式和态度，没有给予太多的注意，而现在受到了真正的考验，结果是他们还不行。于是斯通开始了他推销讲座的第一课，向推销员说明"积极心态"（PMA）的重要性，加上一些推销术。他花了 18 个月旅行全国各地，同遇到困难的推销员谈话，跟他们一起出去推销，表演给他们看："一切决定于推销员的态度，而不是顾客。"

1938 年底，克里曼·斯通成了一名百万富翁。

他开始觉得也许该自己组织个保险公司了。他找到了一个近乎十全十美的计划。一度很赚钱的宾夕法尼亚州伤损公司因经济恐慌停业了，公司的拥有者欲以 160 万美元把它出售。让斯通感兴趣的是它的潜在价值——它仍拥有 35 个州的营业执照。第二天，他就前往巴尔的摩去找商业信托公司的人——伤损公司的拥有者。

"我要买你的保险公司。"

"好的。160 万美元，你有这么多钱吗？"

"没有。但是我可以借到这笔钱。"

"跟谁？"

"跟你们。"

在几度唇舌交锋以后，商业信托公司还是同意了。

它成了今天克里曼·斯通王国的一个基础。由当初的小保险公司，一步一步变成了今天巨大的美国联合保险公司，经营范围不但包括美国，还伸展到国外，1970 年的销售额是 2. 13 亿美元，拥有 5000 名推销员，每一个推销员都懂得 PMA。据的统计，这 5000 人中有 20 人是百万富翁。

斯通一面搞保险公司，一面搞其他赚钱的事业。1955 年，一个名叫利莫那·拉文的年轻人跑来找斯通借一笔款子，声言要开个小化妆品公司。斯通觉得他的话有道理，但他没有直接借钱给拉文，而是替拉文保证归还一笔 45 万美元的银行贷款，代价是他拥有拉文这家新公司的 1/4 股权。拉文创建的公司叫阿拉度—卡佛。斯通拥有的股份（本来一分钱的资本都未投下）到 1969 年时，已经价值约 3000 万美元。

同时，斯通也从事另一项事业：出版。1960 年，斯通写了一本书，叫做《利用积极的人生观走向成功的方法》。跟他合作写这本书的，是以前写过畅销书《动大脑发大财》的拿破仑·都尔。这书卖

出了 25 万册。1962 年他乘兴又写了《保险业巨子的王牌》。好多想当大亨的人都买了这本书。

为了继续宣扬他的哲学，斯通后来创办了《成功无限》杂志。这本杂志的文章，都是关于成功的人；有时斯通也亲自撰文，宣扬 PMA。

斯通在出版界最大的成绩是在 1965 年买下了几家出版公司的分公司，把它们合并成霍桑公司。今天，虽然霍桑公司跟联合保险公司和阿拉度—卡佛比起来，不过是九牛一毛，但它也很赚钱，且是斯通宣扬 PMA 的讲台。

33．雷蒙·克罗克的故事

1954 年，52 岁的克罗克见到麦当劳的创始人麦氏兄弟，决心加入麦当劳。1955 年 3 月 2 日，他创办麦当劳体系公司。1960 年 2 月，他正式接管麦当劳，在全国范围内开办连锁店。1957 年，他开始利用报纸、收音机、电视进行广告宣传，取得极大成功。1970 年，麦当劳开始向海外进军，克罗克建立了一个庞大的麦当劳帝国。

1954 年，克罗克已 52 岁了。人过 50，知命之年，正是大干事业的好时间。

在这之前，他干了 25 年的推销工作，对食品工业中外来食品业尤为重视。他没卖过一天汉堡包，没开过餐厅，但对食品服务业走势了如指掌。

这一年，他走进了圣伯了诺的麦当劳餐厅，他立刻感到自己豁然开朗，眼前一片光明。他坦率地说："当我遇见麦氏兄弟时，已有多年的准备。我在食品、饮料上经验丰富，足以辨认饮食的真伪。"

此时，已是中午，餐厅外的停车场挤着 150 人，服务人员高速作业，15 秒钟以内，客人所要的食物送了过来。

克罗克眼观六路耳听八方，多年的推销工作使他走遍了全美国，"全国许多地方可以开这种餐厅"。一个大胆的设想在他脑中应运而生。

上帝总是帮助自立者，缺乏远见的麦氏兄弟需要一个新的连锁代理来解决新的发展问题。克罗克被聘用。

他说干就干，第二天就找麦氏兄弟商谈，取得了推展全国连锁的权利。麦氏兄弟提出："由您这样有经验的人来代理，我们很感兴趣。"但是我们得定个条件，权利费用为 950 美元，你只能抽取连锁店营业额中的 1.9% 作为服务费。其中 1.4% 是用于您对连锁的服务，0.5% 给我们，作为使用店名和生产体系的权利金。"

这是一个极为苛刻的条件，为实现自己的理想，克罗克接受了。

1955 年 3 月 2 日，克罗克创办了麦当劳体系公司，他开始把自己当推销员的经验应用在这里。

他将个人的魅力、诚实与坦率融为一体。他不急于发财，他坦率地告诉员工：把工作干好，别想着赚钱，只要工作干好了，钱会自然来，水到渠成。

52 岁的他明白自己的处境，本次不成功，一生就没希望了。

一开始，他把麦当劳作为一个企业稳定下来，以品质优良著称。要达到连锁经营，最重要的是避免"区域连锁"。他决定，麦当劳一次只卖一个连锁餐的经营权，价格是 950 美元。

他以大都市作为授权连锁经营区域，但很快便缩小范围，到 1969 年，连锁合同仔细到城市、街名都有严格规定的程度。为坚持信誉，他提出：老麦当劳决定在当地开更多的店时，加盟者有权利优先购买新店的连锁权，但无权自行开店。

他从不把连锁权卖给实力雄厚的连锁人。他的独特想法是："如

果你卖出一大块地区的区域权利，就等于把当地的营业全部让给了他。他的组织代替了你的组织，你便失去了控制权。"

麦当劳一天一天在成长，在壮大，但内部的危机也悄然而来。

麦氏兄弟抽走 1.9% 中的 0.5% 作为权利金，麦当劳的发展面临着重重困难，资金缺乏，无力壮大。他们的贪婪的做法，引起了麦当劳上下怨声载道，人们终于喊出：麦当劳兄弟不离开麦当劳，公司的发展就不可能。

1961 年初，麦当劳兄弟与克罗克开始谈判，让出麦当劳。他们开出的价格十分惊人："我们非要 270 万美元不可，而且要现金。我们兄弟俩每人 100 万，山姆大叔（指向美国政府纳税）70 万，一分不能少。"

劳苦功高的克罗克一听，差点晕倒了，他没想到，对方的贪婪令他接受不了。他一面设法筹款，一面委托律师办理合同。

1968 年，麦氏兄弟彻底败出速食业。他终于摆脱了羁绊，可以自由地驰骋了。5 年后，他还清了所有贷款。

第一次出击，克罗克失败了。他将 18 张连锁牌卖给加州，那里距总部 2000 公里，他无法控制这些连锁店，加盟店主各行其事，或改变作业程序，或增加菜单项目，或提高产品价格……引起了一些混乱。

他吃一堑长一智，多年合作经营中，形成了他独特的连锁经营之术。他得下如此结论：真正合作好的是那些原来不属于食品业，但是愿意全心全意地贡献给新事业的人。

他的经营哲学是："如果一个企业中，有两名主管的想法一致，则其中一名便是不必要的。"

他雇用人时，只看其才能，即工作表现。

他的用人哲学是，重视外观。

他是实用主义者，不看重学历。

他自己穿着高雅、举止典雅，讨厌嚼口香糖、看报纸、画画儿、穿白袜子、咬指甲、衣服皱成一团、头发不梳理的人。他带头身体力行，做各种小事，下班前还要把办公室整理得干干净净。在办公室的冰箱上，他命令贴出一张告示："谁把纸杯乱丢，就被开除。"

他的高级主管人员有 26 名，其中 12 人没有大学毕业。80 人的总部主管中，43 人没任何学位。正是这些人的踏实肯干，壮大了麦当劳公司。

他主张自由地发展个性，对传统价值观执著追求。实行严格的中心管制系统。他提出："要实行严格的卫生制度。"面对职员，他强调："如果你有时间偷懒，那你会有时间做清洁。"

他特别强调创新，他这样告诫员工道："我们必须朝前走，一直走下去，永不驻步。"

他拿出 300 万美元，建立实验室，进行专门研究，改善产品质量。对于薯条，实行 3 分钟预炸，再临时炸 2 分钟的"芝加哥"式工作法。可口可乐要保持 4 度，面包厚度 17 厘米，保证味道鲜美，保证就餐方便。柜台高度是 92 厘米，又发明贝壳式双面煎炉，4 分钟烤 24 个汉堡肉饼。

麦当劳公司在创新中，在严格管理中稳步成长起来。

麦当劳的行销术是先占领美国国内市场，再走向世界。

1957 年，克罗克以每月 500 美元的费用，雇佣叫古柏高的芝加哥公关公司帮助对外宣传。

在古柏高公司的安排下，克罗克飞往纽约，接受得过普利策奖的美联社记者采访。第二天，他的名字出现在 600 家报纸上，麦当劳声名大噪。

他紧紧抓住了儿童的心理，在他的广告宣传上，圣诞老人与麦当劳相提并论。

　　1976 年，克罗克提议，各店提交 10% 作为全国广告基金，用于广告宣传。95% 的加盟者赞成。如今的麦当劳，家喻户晓。

　　1970 年，克罗克决定，进军海外，目标是建立麦当劳王国。

　　最初的开拓以失败告终：加勒比群岛和加拿大的连锁店倒闭。克罗克总结经验，审慎出击。

　　日本的合作者藤田告诉克罗克："日本人有一种自卑感。我们所有的东西都来自外国，文字是来自于中国，佛教从韩国传来，战后从可口可乐到 IBM 都是美国的。但是，我们基本上是排外的。我们不喜欢中国人，不喜欢韩国人，尤其不喜欢给我们吃败仗的美国人。"

　　克罗克认真思考后认为：不论哪一处，都必须日本化，使它至少从外表看不出来是进口的美国货。

　　经过精心筹划，在日本最老的三越百货公司银在分店前，一间面积 500 平方米的麦当劳快餐店开张营业了。

　　麦当劳成功了！

　　克罗克冷静地思考，得出结论：麦当劳应在每一个国外市场建立"本土性"。

　　如今的麦当劳，几乎以同一模式向全球进军：在当地找一个保险业型的合伙人，给他相当的股份和较美国加盟者更多的自主权，让他们在当地市场自行发挥。

　　于是，在瑞典、在香港地区、在墨西哥、在新加坡、在菲律宾、在中国大陆……麦当劳迅速发展，一张大网在全球迅速编制起来。

　　克罗克起用第二代经理透纳的"企业设备租赁"法，加盟者只需自备 4.5 万美元（包括保证金、存货、工作资金），其他家具、设备都可向麦当劳租赁，以日后的利润来归还，解决了一些新加盟者开业的困难。

　　他又采纳一个办法：让麦当劳公司主要持股人转变为所有参与

者。经理、加盟店主、供应商都包括在里面，制造一种让创业者成为公司骨干的感觉。

他还将公司股票分成 *50* 至 *500* 股不等，卖给精心挑选的 *5000* 名有资格分股员工，充分调动大家的积极性。

麦当劳帝国以巨大的竞争力、适应力独霸全球饮食业。

一个帝国神话由克罗克创造了出来。

34. 原一平的故事

原一平被日本人公认为推销之神。少年时他是个出了名的让人听到他的名字就发愁的捣蛋鬼，其实那只是他不安于现状、不服输的个性的早期体现。成人之后，他凭着这种个性和精神，独闯天下，克服了常人难以想像的困难，终于在保险推销领域内取得了令人艳羡的成功。他那苦行僧式的斗志和永不服输的精神，体现了日本商人所特有的经商品质，而他那超群的推销才能，更让许多有志经商者受益匪浅。他是一个战斗之神，一个不可征服的奇才。

1904 年，原一平出生于日本长野县的乡下。*1926* 年，也就是他 *22* 岁那一年，就背井离乡到东京去打天下了。

到了东京，他很快地在日本观光旅行协会找到了一份推销员的工作，开始了推销生涯。

这家协会共有推销员 *60* 名。当时，原一平虽然没有推销的经验，更无推销的技巧，可是凭着"永不服输"的好胜心和倔强的个性，日以继夜拼命工作了半年。半年结算下来，业绩在 *60* 名推销员中竟然名列第一。于是，因业绩最高被提升为营业部经理。

1930 年的一天，这家观光旅行协会的总经理监守自盗，他领了

推销员所缴的保证金和会员所缴的会费后，卷款潜逃。旅行协会立刻倒闭了。失业的原一平又从报上看到明治保险公司招聘推销员的广告，于是前往受聘。

从 1930 年开始，大约有 3 年的时间，他都不吃中餐、不搭电车。虽然他每天勤奋地去推销，努力了 7 个月，业绩却丝毫没有起色。

然而到年底为止共 9 个月，他的承诺业绩为 9 万元，结果做了 16.8 万元，超出承诺额 7.8 万元。

原一平在推销上作出了令上司满意的成绩，同时也改变了自己的生活。他成功的要诀在哪里呢？

如果用他自己的话来说，便是"改造自己"。因为吸引别人的魅力，绝非一朝一夕能养成，它必须经过长期的磨炼与孕育，最后会通过自身自然地体现出来。

"批评会"的成立，与总持寺的"坐禅修行"，是原一平一生当中极重要的转折点。这两项活动对他推销保险帮助甚大。

进入明治保险第一年（1930），业绩为 16.8 万元。

第二年（1931），业绩 18 万元。

第三年（1932），业绩高达 68 万元。

第七年（1936），业绩遥遥领先于其他同事，成为全公司之冠，并且跃居全国的第二位。

原一平 33 岁那年，他的工作成绩已经跃居全国第一。这对有的人或许会就此满足了，但原一平就是这样一个"永不服输"的小矮子，是不会就此罢手的。明治保险公司是隶属三菱财团下的一家公司。在日本，三菱是数一数二的大财团。原一平是明治保险公司的推销员，当然也是三菱财团中的一分子。

当时，三菱财团的最高负责人是串田万藏，他是三菱总公司的理事长，也是三菱银行的总裁，又兼任明治保险公司董事长。

有一天，原一平突然闪出一个念头："三菱银行一定融资或投资许多公司，三菱银行的总裁串田万藏先生，也是我们公司（明治保险公司）的董事长。我若能取得串田董事长的介绍信，天哪！我不敢再想下去了。"

当时有一家名叫日清的纺织公司，是由三菱银行资助的纺织公司，总经理名叫宫岛清次郎。

"好！就请串田董事长把宫岛清次郎先生介绍给我吧！"

想到这里，他立刻展开行动。

在一个星期六的早晨，原一平去拜访串田董事长。他来到了三菱财团的大本营——三菱的总公司。面对三菱总公司雄伟的建筑，他还觉得有点心虚。九点整，他被带进理事长的会客室。

从上午九点钟到十一点钟，他在会客室里整整呆坐了两个小时，等了两个小时不见董事长进来，他不由自主地在沙发上打起瞌睡。有好几次他警觉地醒了一下，不过，可能是工作太疲倦的原因，最后全身竟窝在沙发里睡着了。

他觉得肩膀被人推了两三下，他立刻惊醒，并睁开双眼。眼前出现了在照片上早已面熟的串田董事长，他还带了两个秘书，个个居高临下地凝视着他。

看到原一平醒来，串田董事长劈头就大声问："你找我有什么事？"

在熟睡中突然被摇醒，他就像遭敌人夜袭、光着身子慌忙应战的情形一样，完全乱了手脚。他结结巴巴地说；

"我……我是明治保险公司的原一平。"

不等他把话说完，董事长又来了一句。

"你找我到底有什么事呢？"

"我要去访问日清纺织公司的总经理宫岛清次郎先生。想请董事

长帮助我，给我写一张介绍信。"

"什么？保险那玩意儿也可以来介绍吗？"

一听到董事长那句话，原一平就向前跨了一大步，并大骂：

"你这个混账东西！"

董事长愣住了，往后退了一步。

原一平继续大声说："你刚刚说'保险那玩意儿'了。"

"……"

"你这个老家伙还是我们公司的董事长啊！我要立刻回公司去，向所有的员工宣布……"

说完之后，原一平怒气冲冲地夺门而出。他回到公司，向阿部常务董事简单作了汇报，并向公司提出辞呈。

正在这时，阿部常务董事桌上的电话铃声响起。

阿部常务董事拿起了话筒。

"原一平吗？他现在就在这里。"

一听这句话，原一平判断那一定是串田董事长打来的电话。

遵照串田董事长的指示，星期一上午九点半，原一平来到三菱银行。

银行服务的小姐早已知道他要来访。他被引见去见三菱银行的常务董事加藤武男先生，他当时兼任明治保险公司的董事。

加藤武男常务董事说："串田总裁已经交代过我了，今天我就带你到市内的各分行去访问吧。"

搭乘银行的专车，原一平随加藤常务董事一一拜访了三菱银行的各分行。

每到一个分行，加藤常务董事就向经理说："他是明治保险公司的原一平，凡是他所需要的客户，不管多么重要，都介绍给他，这是串田总裁的命令。"

就这样，原一平的名号就在三菱银行里传开了。

已过古稀之年的原一平，仍常葆赤子之心，因为他认为赤子之心乃是推销的原动力。推销员最需要的是真诚，真诚面对自己，真诚面对别人。这样，才能因尊重自己与别人，而赢得对方的敬重。

原一平每天除了推销保险，没有其他的娱乐，在公事之暇也不会带着太太去玩乐。

年轻时，他每天的工作是访问 15 位准客户，若没访问完毕，绝不回家。因此经常因为受访者不在，而在晚餐后再去访问，所以常到十一点才回家。

但无论多么忙碌，他每天都回家吃晚饭。有一天因太疲倦打瞌睡，在吃饭时竟然碗筷掉落在榻榻米上。

他的太太久惠忍不住说："你今夜不能继续工作了，我要你吃完饭立刻去休息，否则你会累出病来的。"

原一平原本累得吃饭都打瞌睡，一听到久惠的这句话，马上精神一振，回嘴说，"你别胡说，我只不过有点累而已，不碍事的。"

在他的心目中，坚持、恒心、毅力这些老掉牙的字眼，其实就是成功者的共同信念。

1964 年 1 月，国际性权威机构国际美国协会给原一平颁赠学院奖。

回顾自己成功的经历，原一平觉得离不开公司的栽培、客户的信任和寺院高僧的指点。于是，他把"社思、客思、佛思"六个字做成匾额，挂在书房内，时时勉励自己，并要求自己只享用其全部收入的 10%，其余 90% 都还给客户、公司以及社会。

35. 史蒂芬·贝其特的故事

只有一心想着宏伟计划的人，才能够建造世界上最伟大的技术工程。

在二战早期，德国潜艇击沉盟国商船的速度，是船厂造船速度的 2 倍。此时美国海军部迫切地寻找一家制造商，来生产急需的 60 艘商用船只。他们传话给贝其特制造公司，希望它能生产 30 只船。史蒂芬·贝其特，这家家族公司的首领，没有任何造船经验，但他坚持要得到生产全部 60 只货船的订单。他说："如果你能想象多大的生产规模，你就能得到你想要的多大的收获。只要认识到这点，你就会撇开每个小数点。"

规模宏大是贝其特的长处。在 30 年代最大的工程胡佛大坝建造时，贝其特作为该工程主管，就学到了这一点。二战期间，贝其特的造船厂在 1941～1945 年共生产了 560 艘潜艇，同时每月生产 20 艘货船。这一产量即使在"大生产"时代也是一个奇迹。

贝其特在他近 70 年的职业生涯中，一直幻想着建造规模宏大的工程，而且，要看起来越不可能则越好。他经常重复的一句话是：我们可以为任何人建造任何东西，不论在什么地方，不论规模有多大。他和他的公司在加拿大洛基山脉的无人区、在阿拉伯沙漠上、在南美的雨林里和令人恐惧的许多地方，如中央干线所在的波士顿郊区修建输油管和发电厂。他的工程甚至还包括建设整个城市（如沙特阿拉伯的迪拜市）。贝其特的足迹遍布六大洲 140 个国家，可以说贝其特公司的工程师比其他人更多地改变了整个地球的轮廓。

贝其特从小就在崎岖的工地上成长。他的父亲沃伦开创了公司，并在加利福尼亚丛林中铺设铁轨，修建高速公路。史蒂芬·贝其特在 1989 年去世时，离 89 岁生日只有 6 个月，他生前喜欢在工地上转悠，但其言行举止并不像一个建筑公司的老板。50 年代，在他的鼎盛时期，他经常衣着整洁、得体，以推销员式的讨好态度，操着相对柔和的声音出现在工地上。

贝其特是个有远见的人。在 20 年代，他预见到能源增长，遂在公司业务中增加了管道铺设一项。在此之后，他还大力推行现在称为"交钥匙"的建筑工程合同。即：贝其特接手一个工程，在规定的期限内完成，竣工后将它交给对方，而只收取固定的费用。1959 年，贝其特考虑在英吉利海峡修建海底隧道，并最终在这一个十年得以完工。

1931 年"大萧条"时，贝其特拿到了大峡谷的图纸，这是个几乎不可能实现的工程。贝斯特的父亲联合六个大公司组成联盟来完成胡佛大坝工程。联盟以 4900 万美元中标，并最终赚取了大量利润。

在胡佛大坝工程建造的五年期间，工人们挖掘了 370 万立方码（1 立方码≈0.76 立方米）的石头，浇铸了 440 万立方码的混凝土，大坝的主拱有 70 层楼那么高。整个工程有多大，就可想而知了。贝其特最初负责整个工程的交通、工程和管理工作，1933 年他父亲去世后，他成为整个工程计划的执行人。这个工程改变了整个美国西部的经济条件，同时，也改变了贝其特公司。

大坝建成后，贝其特更加坚信，他和他的建筑公司无所不能。他开始努力证明这一点。在胡佛大坝建设期间，他就动工修建从圣弗朗西斯科到奥克兰湾全长 8.2 公里的大桥。二战期间，贝其特除了船厂外还有其他修建基地，负责建造兵工厂和整修吉普车，与此同时，他还在相当原始的条件下，修筑了属于最高机密的工程：横贯加拿大北部丛林到阿拉斯加的全长 1600 英里的管道。如此多的工作使他疲惫不堪，以至 1946 年贝其特被迫休息了一段时间。

但他决不会长时间休养，贝其特又开始积极工作了。每年花 6 个月时间到全球各地游说，说服各地的国王、总统和商业巨头们给他工程。大约在 1947 年，他接受了一项大工程：修筑当时全球最长的横贯沙特阿拉伯的输油管道（全长 1068 英里）。这个工程是他迈向拥有巨大经济实力的第一步，也使他与沙特国王建立了良好的友

谊。据说，贝其特在沙特境内作了一次旅行，他在旅行时发现油井采掘时有大量的天然气浪费了。于是，他想将这种浪费的能源加以利用。1973年，他向老伙伴费萨尔国王提议：在当时的小渔村迪拜修建一个新城市，用天然气发电，并建设一座钢铁厂、一座化工厂和化肥厂，全面使用充足的天然气资源。现在的迪拜市人口已达七万，并仍在不断增长。

贝其特建立的公司并未让所有的人接受。二战时，贝其特造船厂的合伙人约翰·麦可思是一家钢铁厂经理，后来成了中央情报局（CIA）局长，他曾为贝其特公司和联邦政府工作，这导致两方面的不良影响：在公司内部，谁管谁并不是很清楚；在公司外部，喜欢保密的名声使公司声誉不佳。1976年，司法部起诉贝其特来讨好对付以色列的阿拉伯伙伴，贝其特签名发誓：他绝没有加入任何以色列的反阿拉伯组织。

所有这一切都不能阻止贝其特公司的发展。现在公司已传到贝其特的孙子雷利·贝其特手上。当年史蒂芬·贝其特接手公司时，公司收入不足2000万美元。1/4世纪过后，在他正式退休时，公司销售额已达4.63亿美元。今天，贝其特公司仍由贝其特家族控制，它的经营范围包括从雅典的运输系统到中国的半导体制造厂。所有这一切都是史蒂芬·贝其特的超前思想的成果。